U0670016

青少年
综合素质培养课

# 青少年
# 能 力
# 培养课

## 口才

杜兴东 编著

全球经典的品质培养成长书系之一

## 你的人生第一课

北京出版集团
北京出版社

图书在版编目（CIP）数据

青少年能力培养课．口才／杜兴东编著．—北京：
北京出版社，2014.1
（青少年综合素质培养课）
ISBN 978 - 7 - 200 - 10283 - 3

Ⅰ．①青… Ⅱ．①杜… Ⅲ．①青少年—能力培养
Ⅳ．①G421

中国版本图书馆 CIP 数据核字（2013）第 282117 号

青少年综合素质培养课
**青少年能力培养课　口才**
QING-SHAONIAN NENGLI PEIYANGKE　KOUCAI
杜兴东　编著
＊
北　京　出　版　集　团
北　京　出　版　社　出版
（北京北三环中路6号）
邮政编码：100120

网　　址：www．bph．com．cn
北 京 出 版 集 团 总 发 行
新　华　书　店　经　销
三河市同力彩印有限公司印刷
＊
787 毫米×1092 毫米　16 开本　12 印张　170 千字
2014 年 1 月第 1 版　2023 年 2 月第 4 次印刷
ISBN 978 - 7 - 200 - 10283 - 3
定价：32.00 元
如有印装质量问题，由本社负责调换
质量监督电话：010 - 58572393
责任编辑电话：010 - 58572303

# 前　言

　　古代希腊有位著名的寓言大师叫伊索。他年轻时在某贵族家当过奴仆。有一次，主人设宴，来者多是哲学家，主人令伊索备宴最好的酒肴待客，伊索便专门收集各种动物的舌头，办了个舌头宴。开餐时，主人大吃一惊，问道："这是怎么回事？"伊索答道："您吩咐我为这些尊贵的客人办最好的菜，舌头是引导各种学问的关键，对于这些哲学家来说，舌头宴不是最好的菜吗？"客人听罢，个个发出赞赏的笑声。主人又吩咐伊索说："那我明天再办一次酒席，菜要最坏的。"次日，开席上菜时，依然是舌头。主人见状，大发雷霆，就问伊索缘由。伊索同时不慌不忙地回答："难道一切坏事不是从口中说出来的吗？舌头既是最好的东西，也是最坏的啊！"

　　虽然这只是个古希腊流传下来的故事，却说明了一个很重要的道理：说话之于人们有着无可估量的作用。

　　我国南北朝时期著名的大评论家刘勰在他的名著《文心雕龙》一书中，曾高度评价口才的作用："一言之辩，重于九鼎之宝；三寸之舌，强于百万之师。"春秋时期，毛遂自荐，口若悬河，迫使楚王歃血为盟；战国时期，苏秦、张仪游说诸侯，身挂六国相印，合纵抗秦联盟最终形成；烛之武连夜拜见秦穆公，求其退兵，救郑国于危亡之际；三国时期，诸葛亮说服孙权联蜀抗曹，三国遂成鼎力之势；新中国成立后，周恩来奔走各国，谈笑风生，树立起中国外交新形象；"二战"时，罗斯福、丘吉尔慷慨陈词，雄辩滔滔，唤起千万人民与法西斯决一死战的信心，扭转了世界局势……

到了现代社会，口才的价值又有了更新、更丰富的内容。说话能力的高低直接影响到一个人的人脉和前途。社交的得心应手，求职的轻松过关，推销的业绩倍增，职位的直线上升，谈判的无往而不利等都有赖于一张会说话的嘴。有的人总是吃亏，不是得罪朋友，就是耽误了生意，再不然就是家庭不幸福，大多数原因是由于他们拙于言辞而造成的。西方哲人有过这样的总结："世间有一种成就可以使人很快完成伟业，并获得世人的认识，那就是讲话令人喜悦的能力。"

三百六十行，行行要口才。在整个人类社会的活动中，一个人是否会说话，是否拥有一副好口才，其工作成果与境遇必定会大不一样。在现代信息社会里，那些依旧将"沉默是金"奉为真谛的，羞于开口、性格内向的人估计很难获得预期的努力结果。有些人在工作上表现得十分出色，然而不善表达，致使满腹才华也得不到晋升的机会。

有一位英国人，在美国失业后身无分文。为了使自己生存下来，他走进了一位大商人的办公室，要求与这位大商人面谈。见到英国人衣衫褴褛，一副寒酸样，大商人心生好奇，同时也有了恻隐之心，于是答应给他一次机会。谈话一开始，英国人就紧紧抓住了对方的注意力，时间不知不觉就过去了几个小时。要知道，大商人原本只是打算听他说上几分钟的。谈话结束后，这位大商人给分公司经理打了一个电话，为这个英国人安排了一份很好的工作。

有着潦倒的外表，这个英国人却能在短时间内影响一位大人物，到底是什么原因呢？秘密就是：他的表达能力非常强。

　　事实上，他是麻省理工大学的毕业生，到美国去从事一项商业活动，不幸落败后被困在当地，举目无亲的他无法维持生活。然而他有一副良好的口才，使得听他说话的人能立刻忘记他那一身破旧的衣服和脏乱的发须。他的言辞成为他进入高级商界的通行证。

　　这个故事告诉我们，拥有良好的口才是获得生存机会，提高生活品质最有效、最直接的通道。我们的言谈随时会被别人当成判断我们的根据，我们所说的话会显示出我们的修养程度，它能让听者判断出我们的教育和文化背景。

　　拥有一流的口才，还能展现我们的魅力，在各种场合成为众人瞩目的焦点。

　　有一位闻名中外的幽默大师，他的口才艺术一直令人赞叹有加。

　　他是著名的作家、学者、中西文化交流大使；他一生著作颇丰，门下的弟子众多；他性格幽默、言语诙谐——他就是大名鼎鼎的才子林语堂。

　　林语堂是典型的幽默大家，他淡泊名利、与世无争，并有强烈的优越感。此外，他的性情温和，想象力丰富，用时下潮流的话来说，比较"小资"。

　　林语堂曾在一次巴西演讲中说了段流传甚广的笑话："世界大同的理想，就是住在英国的乡村，屋子里安装有美国的水电、煤气管子，有个中国厨子，日本太太……"此言一出，全场哗然。

　　语言是思想的外壳，是必不可少的交际工具。我们要在这个社会中立足、发展，就不能离开语言一时片刻。人每天总要说很多话，而且越是能办事的人，说话肯定越多，说话能力也越强。

　　鉴于口才的重要性，我们精心为青少年朋友写作了此书，目的在于帮助青少年朋友在成长中学会口才艺术，在不久的将来将口才这门武器娴熟运用！本书与其他的同类书相比，涵盖的内容更加丰富、诠释的角度更加到位，实用性和可读性更强。翻开本书，生动形象的案例俯拾皆是，让你随手拈来即可加以灵活运用。

该书将有助于青少年朋友在未来仕途上平步青云，在商界呼风唤雨，在社交场合左右逢源……本书能帮助你掌握善变的人心，获得高超的沟通艺术！如果你拒绝当个弱势者，如果你想让自己从此魅力四射，就从这本书开始吧！

# 目　录

# 第一章
# 口才定律

# 权威效应：利用权威赋予你的权力

权威效应，又称为权威暗示效应，是指一个人要是地位高，有威信，受人敬重，那他所说的话及所做的事就容易引起别人重视，并让他们相信其正确性，使吹毛求疵或别有所求之人打消原有的念头。

在说服别人的时候，也可以抬出权威来加强自己说话的力度，这就是权威说服法。有些推销人员在卖人寿保险的时候，他们喜欢提到权威人士。他们说："你们工厂的经理也买了我们的人寿保险。"大家会说："噢，我们公司的经理那么精明能干，他都买你们的人寿保险，看来你们的人寿保险是不错，买吧。"他没有经过很深的判断也就这么做了。这就是利用了权威的心理。

有的时候没有这种权威人士给你做宣传，那怎么办呢？用数字、用统计资料。一般人认为数字是不会骗人的，所以你说，这家工厂用了我们的机器后，产量增加20%，那个工厂用了我们的计算机后，效率提高了50%，把这些数字拿给客户看，客户很容易就接受了。有的时候统计数字还太少，在产品刚刚出现，还没有那么多客户的时候，还有一种方法，就是用前面的顾客买了这个产品觉得满意写来的信函。这个时候，这种做法对新顾客，对一些小的公司也能起一定的影响作用，这就是权威的心理。

权威效应还有另外一个内涵，即利用角色说服对方。如"让你换成我，你该怎么办"，这种说服法利用了"角色扮演"使对方有互易立场的模拟感觉，借此模拟感觉而达到说服对方的目的。

美国人际关系专家吉普逊，他认为他的好友之一，某陆军上将之所以有今日之成就，完全得力于他有超人的说服技巧。他说："他从小就憧憬着军旅生涯，1929年美国经济恐慌，人人被生活逼得走投无路，年轻人都一窝蜂地挤入各兵种的军事学校。而他特别钟情于西点军校，可有限的名额早就被有办法人的子弟占据了。他只是个升斗小民，于是他鼓起勇气，一一拜访地方上有头有脸的人物，不怕碰钉子，勇敢地毛遂自荐："我是个优秀青年，身体也很棒，我平生最大的意愿是进西点报效国家，如果您的子弟和我一样处境，请问这怎么办呢？"

没想到，这些有办法的人物，经过他这么一说，十之八九都给了他一份推荐书。有的人更积极为他打电话，拜托国会议员，他终于成了西点军校的学生了。

任何人对自己的事，总是怀有着很大的兴趣和关切。这位年轻人如果不以"如果您的子弟和我一样"作为攻心战术的话，他哪能有今日的成就？

要说服别人，先得使他进入情境，对你的问题感同身受，兴起关切之心。别人在回答"如果你是我……"的问题时，不自觉地便把自己投射在该问题中了，最起码的收获是，他的回答已经为我们提供了较客观的解决方法。

## 赫洛定律：给他最想要的一种赞美

所谓赫洛定律，是一种人际关系的需求理论，它强调的是满足对方的渴求，以此获得他人的认可与信任。就说话而言，我们与人交谈，从某种意义而言，就是一种探求对方需求的过程，通过这种过程，我们知晓对方的心理活动，由此制定下一步的谈话内容。

在人的一生中，有无数让他们引以为自豪的事情，这些都是一个个人生的闪光点。这些东西又会不经意地在他们的言谈中流露出来，例如，"想当年，我在朝鲜战场上……"，"我年轻的时候……"，等等。对于这些引以为荣的事情，他们不仅常常挂在嘴边，而且深深地渴望能够得到别人由衷的肯定与赞美。

对于一位老师而言，引以为荣的往往是他教过的学生在社会上很有出息，你为了表达对他的赞美，不妨说："您的学生×××真不愧是您的得意门生啊！现在已经自己出书了。"对于一位一生都默默无闻的母亲，引以为荣的往往是她那几个有出息的孩子，你可以对她说："您有福气啊，两个儿子都那么有出息。"她一定会高兴不已。对于老年人来说，他们引以为荣的往往是他们年轻时的那些血与火的经历。

真诚地赞美一个人引以为荣的事情，可以更好地与之相处。

乾隆皇帝喜欢在处理政事之时品茶、论诗，对茶道颇有见地，并引以为荣。有一天，宰相张廷玉精疲力竭地回到家刚想休息，乾隆忽然来造访，张廷玉感到莫大的荣幸，称赞乾隆道："臣在先帝手里办了13年差，从没有这个例，哪有皇上来看下臣的！真是折煞老臣了！"张廷玉深知乾隆好茶，命令把家里的陈年雪水挖出来煎茶给乾隆品尝。乾隆很高兴地招呼随从坐下："今儿个我们都是客，不要拘君臣之礼。生而论道品茗，不亦乐乎？"水开时，乾隆亲自给每人泡茶，还讲了一番茶经，张廷玉听后由衷地赞美道："我哪里晓得这些，只知道吃茶可以解渴提神。一样的水和茶，却从没闻过这样的香味。"另一位大臣李卫也乘机称赞道："皇上圣学渊源，真叫人瞠目结舌，吃一口茶竟然有这么多的学问！"乾隆听后心花怒放，谈兴大发，从"茶乃水中君子、酒乃水中小人"开始论起"宽猛之道"。真是妙语连珠、滔滔不绝，众臣洗耳恭听。

乾隆的话刚结束，张廷玉赞道："下臣在上书房办差几十年，两次丁忧都是夺情，只要不病，与圣祖、先帝算是朝夕相伴。午夜扪心，凭天良说话，私心里常也有圣祖宽，世宗严，一朝天子一朝臣这个想头。我为臣子的，尽忠尽职而已。对陛下的旨意，尽力往好处办，以为这就是贤能宰相。今儿个皇上这番宏论，从孔孟仁恕之道发端，譬讲三朝政纳，虽然只是3个字'趋中庸'，却振聋发聩，令人心目一开。皇上圣学，真是到了登峰造极的地步。"其他人也都随声附和，乾隆大大满足了一把。

张廷玉和李卫作为乾隆的臣下，都深知乾隆对自己的"茶"和

"宏论"引以为豪。张李二人便投其所好，对其大加赞美，达到了取悦皇帝的目的。

一个人到了晚年，人生快要走到尽头了，当他回首往事的时候，更喜欢回味和谈论自己曾经经历的那些大风大浪，希望得到晚辈的赞美和崇敬。

一位现已80多岁的老人，一生中最大的骄傲便是独自一个人将7个孩子养大成人，现在眼见一个个孩子都成家立业，他经常自豪地对孙子们说："你奶奶死得早，我就靠这两只手把你爸他们几个养大成人，真是不容易啊。"每当这时，如果他的孙子能乘机美言几句，老人就会异常高兴。

抓住他人最胜过于别人的、最引以为豪的东西，并将其放在突出的位置进行赞美，往往能起到出乎意料的效果。在这一点上，有一个很经典的实例。

在镇压太平军的过程中，一次，曾国藩用完晚饭后与几位幕僚闲谈，评论当今英雄。他说："彭玉麟、李鸿章都是人才，为我所不及。我可自许者，只是生平不好谀耳。"一个幕僚说："各有所长：彭公威猛，人不敢欺；李公精敏，人不能欺。"说到这里，他说不下去了。曾国藩又问："你们以为我怎样？"众人皆低头沉思。忽然走出一个管抄写的后生过来插话道："曾师是仁德，人不忍欺。"众人听了齐拍手。曾国藩十分得意地说："不敢当，不敢当。"后生告退而去。曾国藩问："此是何人？"幕僚告诉他："此人是扬州人。入过学，家贫，办事谨慎。"曾国藩听完后说："此人有大才，不可埋没。"不久，曾国藩升任两江总督，就派这位后生去扬州任盐运使。

他人最想要的赞美一定是真诚的，不是那种公式般的赞美，千篇一律，最让人反感。

言之有物是说一切话所必具的条件，与其泛说久仰大名、如雷贯耳，不如说您上次主持的讨论会成绩之佳，真是出人意料等话，直接提及对方的出色工作。若恭维别人生意兴隆，不如赞美他推销产品的努力，或赞美他的商业手腕；泛泛地请人指教也是不行的，你应该择其所长，集中某点请他指教，如此他一定高兴得多。恭维赞美的话一定要切合实际，到别人家里，与其乱捧一场，不如赞美房子布置得别出心裁，或欣赏壁上的一幅好画，或惊叹一个盆栽的精巧。若要讨主人喜欢，你要注意投其所好，主人爱狗，你应该赞美他养的狗，主人养了许多金鱼，你应该谈那些鱼的美丽。赞美别人最近的工作成绩，最心爱的宠物，最费心血的设计，这比说上许多无谓的虚泛的客套话更佳。

## 比林定律：不该答应的事就要拒绝

比林定律是美国幽默作家比林提出的，指的是，人的一生，几乎有一半的麻烦是由于太快说"是"，太慢说"不"造成的。

因此在与人交往中，要懂得发言的艺术，考虑问题不能急躁，也不能怠慢。觉得自己无法做到的事情，就要明确而快速地告诉对方，以免给自己造成不必要的麻烦。

一般人都不太好意思拒绝别人，但在很多情况下，我们为了避免多余的困扰，对一些不合理或不合自己心意的事有必要拒绝，那怎样既不伤害对方自尊心又能达到拒绝的目的呢？当对方提出请求后，不必当场拒绝，你可以说："让我再考虑一下，明天答复你。"这样，既使你赢得了考虑如何答复的时间，又会使对方认为你是很认真地对待这个请求的。

某单位一名职工找到上级要求调换工种。领导心里明白调不了，但他没有马上回答说"不可能"。而是说："这个问题涉及好几个人，我个人决定不了。我把你的要求带上去，让厂部讨论一下，过几天答复你，好吗？"

这样回答可让对方明白：调工种不是件简单的事，存在着两种可能，使对方思想有所准备，这比当场回绝效果要好得多。不仅给人留住了面子，也使自己摆脱了尴尬的境地。可以说是一举两得。

某位作家接到老朋友打来的电话，邀请他到某大学演讲，作家如此答复："我非常高兴你能想到我，我将查看一下我的日程安排，之后会回电话给你的。"

这样，即使作家表示不能到场的话，他也就有了充裕时间去化解某些可能的内疚感，并使对方轻松、自在地接受。

陈涛夫妻俩下岗后，自谋职业，利用政府的优惠贷款开了一家日用品商店。两人起早摸黑把这个商店办得红红火火，收入颇丰，生活自然有了起色。陈涛的舅舅是个游手好闲的赌棍，经常把钱扔在麻将台子上，这段时间手气不好又输了，他不服气，还想扳回本钱，又苦于没钱，就把眼睛瞄准了外甥的店铺，打定了主意。一日，舅舅来到了店里对陈涛说："我最近想买辆摩托车，手头尚缺5000块钱，想在你这儿借点周转，过段时间就还。"陈涛了解舅舅的嗜好，借给他钱，无疑是肉包子打狗，何况店里用钱也紧，就敷衍着说："好！再过一段时间，等我有钱把银行到期的贷款支付了，就给你，银行的钱可是拖不起的。"舅舅听外甥这么说，没有办法，知趣地走了。

陈涛不说不借，也不说马上就借，而是说过一段时间，等支付银行贷款后再借。这话含3层意思：一是目前没有，现在不能借；二是我也不富有；三是过一段时间不是确指，到时借不借再说。舅舅听后已经很明白了，却并不心生怨恨，因为陈涛并没有说不借给他，只是过一段时间再说而已，给了他希望。

因此，在处理事情时，巧妙地一带而过比正面拒绝有效，且不伤和气。

## 波特定律：批评宜曲缓而不宜直接

在日常生活中，我们常常会用到批评这种手段，但我们有些人批评起人来简直让人无地自容，下不来台阶。其实，这种批评方式不但无法达到让他人改正错误的目的，而且有碍于你的人际关系，严重时甚至会毁掉一个人。

波特定律原是经济管理方面的术语，由美国心理学家莱曼·波特提出。本意是指当遭受许多批评时，下级往往只记住开头的一些，其余就不听了，因为他们正忙于思索论据来反驳开头的批评。正因这个原因，在口才交际方面，在批评他人时，就必须照顾到被批评者的心理感受，注意批评的方式，以较为缓和的语气来表达自己的意见。因此，批评他人，宜曲缓而不是直接"放大炮"。

宋朝知益州的张咏，听说寇准当上了宰相，对其部下说："寇公奇才，惜学术不足尔。"这句话一语中的。张咏与寇准是多年的至交，他很想找个机会劝老朋友多读些书。

恰巧时隔不久，寇准因事来到陕西，刚刚卸任的张咏也从成都来到这里。老友相会，格外高兴。临分手时，寇准问张咏："何以教准？"张咏对此早有所考虑，正想趁机劝寇公多读书。可是又一琢磨，寇准已是堂堂宰相，居一人之下，万人之上，怎么好直截了当地说他没学问呢？张咏略微沉吟了一下，慢条斯理地说了一句："《汉书·霍光传》不可不读。"回到相府，寇准赶紧找出《汉书·霍光传》，从头仔细阅读，当他读到"光不学无术，闇于大理"时，恍然大悟，自言自语地说："此张公谓我矣！"是啊，当年霍光任过大司马、大将军要职，地位相当于宋朝的宰相，他辅佐汉朝立有大功，但是居功自傲，不好学习，不明事理，这与寇准有某些相似之处。因而寇准读了《汉书·霍光传》，很快明白了张咏的用意。

张咏与寇准过去是至交，但如今寇准位居宰相，直接批评效果不一定好，而且传出去还会影响寇公的形象；批评太轻了，又不易引起其思想上的变动。在这种情况下，张咏的一句赠言"《汉书·霍光传》不可不读"，可以说是绝妙的。别看这仅仅是一句话，其实它能胜过千言万语。"不学无术"，这是常人难以接受的批评，更何况是当朝宰相，而张咏通过教读《汉书·霍光传》这个委婉的方式，就使寇准愉快地接受了自己的建议。正所谓："借它书上言，传我心中事。"

　　有一次，几个属鼠的男同学在期中考试中考了满分，挺得意，有点飘飘然。他们的班主任发现了，就对他们说："怎么，得意了？你们知道得意意味着什么吗？请注意今天下午的班会。"那几个男学生猜想：糟了！在下午的班会上，等待他们的准是狂风暴雨！可奇怪的是，在班会上，班主任的批评却妙趣横生，他说："树林子要是大了，就什么鸟儿都有，自然，天下大了，就什么老鼠都有。我就听说过这么一个故事。有只小老鼠外出旅游，恰好遇见两个孩子在下兽棋，小老鼠就悄悄地看。

　　"它发现了一个秘密，那就是，尽管兽棋中的老鼠可以被猫吃掉，被狼吃掉，被虎吃掉，却可以战胜大象。于是立刻认定，我才是真正的百兽之王呢！这么一想，小老鼠就得意起来了，从此瞧不起猫，看不起狗，甚至拿狼开心。

　　"有一天，它还大摇大摆地爬到老虎的背上，恰好老虎正在打瞌睡，懒得动，就抖了抖身子。小老鼠于是更加得意，它还趁着黑夜钻进了大象的鼻子。大象觉得鼻子痒痒，就打了个喷嚏，小老鼠立刻像出膛炮弹似的飞了出去。就这么飞呀飞呀飞，好半天好半天，才'扑通'一声掉在臭水坑里！好，现在就请大家注意一下，'臭'字的写法，怎么写的呢？'自''大'再加一点就是'臭'。有趣的是，今年正好是鼠年，咱们班有不少属鼠的同学，那么，这些'小老鼠'们会不会也掉到臭水坑里呢？我想不会，但必须有一个条件，这就是永不骄傲！"说到这儿，这位班主任还特意看了看那几个男同学，那几个男同学当然明白，老师的批评全包含在那个有趣的故事中了！他们挺感激老师的批评，很快改正了自己的缺点。

　　间接指出别人的错误，要比直接说出口来得温和，且不会引起别人的强烈反感。那些对直接的批评会非常愤怒的人，间接地让他们去面对自己的错误，会有非常神奇的效果。

　　在生活和工作中，我们不可能没有批评，但要学会巧妙地批评，让他人既意识到自己的错误，同时也理解你善意批评的意图，使他内心里对你心存感激。批评的最好方式就是进行暗示。

# 波什定律：背后和推测性赞美最好

波什定律，指的是出于人们对他人肯定的强烈渴望，故而对方一旦有所成就，就要毫不保留地称赞对方，它的好处在于，一旦知道了什么地方做得很好，人们就会去努力把这一地方做得更好。而在众多的称赞方式中，背后赞美和推测性赞美更能调动人们的积极性。

1. 背后赞美

世上背后道人闲话的人不少，大家都很清楚，被说之人一旦知道便会火冒三丈，轻则与闲话者绝交，重则找闲话者当面算账。因此，要引以为戒，不要犯背后说他人闲话的忌讳。实践证明，背后说人优点却有佳效。

背后说别人的好话，远比当面恭维别人或说别人的好话，效果要明显好得多。不用担心，我们在背后说他人的好话，是很容易就会传到对方耳朵里去的。

赞美一个人，当面说和背后说所起到的效果是很不一样的。如果我们当面说人家的好话，对方会以为我们可能是在奉承他、讨好他。当我们的好话是在背后说时，人家会认为我们是出于真诚的，是真心说他的好话，人家才会领情，并感激我们。

在日常生活中，背着他人赞美往往比当面赞美更让人觉得可信。因为你对着一个不相干的人赞美他人，一传十，十传百，你的赞美迟早会传到被赞美者的耳朵里。这样，你赞美的目的也就达到了。

在日常生活中，如果我们想赞扬一个人，不便对他当面说出或没有机会向他说出时，可以在他的朋友或同事面前，适时地赞扬一番。

据国外心理学家调查，背后赞美的作用绝不比当面赞扬差，甚至还要好于当面赞扬。此外，若直接赞美的度不足会使对方感到不满足、不过瘾，甚至不服气，过了头又会变成恭维，而用背后赞美的方法则可以缓和这些矛盾。因此，有时当面赞扬不如通过第三者间接赞扬的效果好。

当你面对媒体时，适当地赞美你的同行，是一种风度，也是一种艺术。

多在第三者面前去赞美一个人，是你与那个人关系融洽的最有效的方法。假如有一位陌生人对你说："某某朋友经常对我说，你是位很了不起的人！"相信你感动的心情会油然而生。那么，我们要想让对方感到愉悦，就更应该采取这种在背后说人好话、赞扬别人的策略。因为这种赞美比一个魁梧的男人当面对你说："先生，我是你的崇拜者。"更让人舒坦，更容易让人相信它的真实性。

2. 推测性赞美

借用推测法来赞美他人，虽然这种方式有一定的主观意愿性，未必是事实，但是能从善意的想象中推测出他人的美好东西，就能给人以美好的感受。

推测性赞美有两种，一种是祝愿式推测，一种是预言式推测。

（1）祝愿式推测：主要强调一种美好的意愿，用一种友好的心情去推测对方，带有祝愿的特点。这种推测也未必可行，但推测者是诚挚而善意的。

（2）预言式推测：带有一些必然性、预见性，可以针对工作、生活中可能会取得的成绩进行预测。

当然，推测并不等于明确的结果，它具有多种可能性，但前提是被赞美者本身有实力、有可能获得好结果。

预言式推测较适用于同事与同事之间，或父母对孩子的推测，总之，是对身边较熟悉的人所采用的方式。它起到一定的激励作用。

# 第二章

## 说话原则

## 修养原则：说话必须有修养

众所周知，美国出色的政治家富兰克林的口才很好，事实上，这和他十分重视语言修为有很大关系。早年的富兰克林曾做了一张表，上面列举出各种他所要改善自己的美德。经过几年的实践力行，获益不少。可是，他又找出了一个和谈话艺术有极大关系且应该实行的美德。我们来听听他的自述吧。

我在自我完善的计划里，最初想做到的有12种美德，但有一个做教徒的朋友，有一天前来向我说大家都认为我太自傲，原因是我的骄傲常在谈话中显露。当辩论一个问题时，我不但固执地满足我自以为正确的主张，而且有些轻蔑别人的样子。我听了他这话，立刻就想矫正这种缺点，因而在我表上的最后一行加了"虚心"这一条。

这样不多久，我发觉改变后的态度使我获益不少。因为事实告诉我，我无论在哪里，若陈述意见时用谦虚方式，会令人家容易接受而绝少反对；说错了的话，在自己也不致受窘了。

在我矫正的过程中，起初的确用了很大的毅力，来克服本性而去严守这"虚心"两个字；但后来习惯渐成自然，数十年来恐怕很少有人见过我显露骄傲之态吧！

这全是我行为的方式所致。除此以外，在我改善这个习惯的过程中，我更能处处地注意到谈话的艺术。我时常提醒自己，别去做一个擅长雄辩者，因而我和人谈话时字眼的选择常常变成迟疑，技巧也时常有意愚拙，不过结果是我仍然什么意思都可以表达出来……

言语能力并非人天生的本能，而是后天练习的结果。口才的完善是很长一段时间里思想、语言行为、仪态、情绪等各个方面综合磨炼的过程，也是内在修养的过程。

1．尊重他人的意见

说话是人的思想的反映，尊重他人的意见，也就如尊重他这个人。有些人为使自己的意见突出，引起他人对他谈话价值的充分认同，常自觉不自觉地对他人的意见加以贬低、否定。结果引发了对方的不满和对抗，不仅自己意见未得到重视，反而遭到冷落和否定，自己的形象也受到贬损。有些善于说话者，在发表己见时，恰恰采取相反的态度，他们会巧妙地从不同角度对已发表出来的意见加以肯定和褒扬，甚至采取顺势接话、补充发言的方式陈明己见，这样别人就会保持一个积极的良好的心态倾听他们的高论，他们的意见圆满发表了，他们的风格也显示出来了。

2．不与他人抢话、争话

自己有真知灼见希望尽快发表出来，这种心情是可以理解的。但你同样也要给别人发言的机会，不能迫不及待，在他人侃侃而谈时，硬是卡断他的话头，让自己一吐为快；或者他人正欲发言时，你捷足先登，把别人已到嘴边的话硬是挤回去，让自己畅所欲言。发表己见首先应具备的修养就是耐心，待别人充分发表了意见之后，或轮到你的次序时，你再发言也不迟，这不仅不会减轻你发言的分量，还会调动大家的情绪。

3．不说侮辱性话语

说到口才修养，不得不提口德，"德"可以说是口才的灵魂。生活中，有些词语我们应尽可能避而不用，尤其是有关生理特点的胖猪、矮冬瓜、瘸子、聋子，身份卑贱的乞丐、私生子、拖油瓶、妓女、白痴……一个注重言语修为的人，一个有益于他人的人，自然易于为他人所接受，他的话也就可能被别人奉为圭臬。"文如其人"是从写作角度说的，我们也完全有理由说"言如其人"。心理上的专注力、耐受力、进取心等品质，也将使你更具个人魅力，使你的口才更富内涵。

在与人交往时，口才是非常重要的才能，但仅仅靠口才是不够的，更重要的是一个人的风度。

# 规范原则：说话要讲究规矩

说话必须符合一定的语言规矩。它是指说话人在言辞交际过程中，必须遵守语言规范的要求，不能因为语言表达的混乱、不完整而词不达意，让人不知所云。

语言的规矩主要包括两方面：

1. 语音清晰准确

说话人要表达什么，必须是不含混、不模糊，清清楚楚、明明白白地说出来，让接受者一听就明，一听就懂。这样，表达才有作用，交际的目的才能实现。

做好下列 3 个方面，有助于达到语音清晰准确的要求。

（1）与非本方言区的接受者交谈，最好不要用方言。

（2）遇到容易产生歧义的读音，应予以适当解释。

（3）对一些关键字词的发音，尽量说得慢一些，说快了、急了，容易产生声音共振而使语音含混，让人听不清楚，或产生误听。

2. 语句通顺明了

主要指用词前后协调准确、意思完整，不多余、不错乱等。

要做到语句通顺明了，以下两点应该注意：

（1）不生造词语。生造，是指按照自己的意愿杜撰、编造出谁也不懂的语词。虽然语词在人民群众的交际实践中不断丰富、发展，但它的产生应有一定社会基础，必须经过一段时间的运用，为交际区域的群众所接受才行，绝不是任何人都可以随便生造。像"打的""打工""撮一顿""大款""倒爷"等已被人们熟悉，用于言辞交际当然可以，但如果有人说："我来迟了，实有抱惭。"这里的"抱惭"就是生造。何不用通俗的"抱歉"或"抱愧"呢？

（2）符合习惯要求。习惯是人们在长期的社会生活中逐渐形成的规矩、风尚，有些虽然从逻辑或语法的角度看并不规范，但既然已经在长期的社会生活中形成，就应当按约定俗成的原则来处理。比如"打"，其词义一为用手或器具撞击物体——打人、打鼓；一为发生与人交涉的行为——打官司、打交道；一为制造——打毛衣、打镰刀，等。但"打的""打工""打瞌睡""打酱油""打折扣""打圆场"之"打"，就无上述意义。使用这些词汇时，只能是约定俗成，大家都按习惯办。还有像"打扫卫生""救火""养病""晒太阳"之类，也属此种情况。

另外，由于国别、民族、地域、信仰等差别，或是习惯要求的不一致，表达者需要入乡随俗，使自己言辞合于接受者的习惯，否则就要出差错、闹笑话。

## 分寸原则：说话也要讲分寸

"分寸"二字无处不在，日常生活中，不管是与人说话、交往，还是办事，时时处处都蕴藏着分寸的玄机。如果一个人在社会上不会把握分寸，就说不好话，办不好事，更不用说愉快地与人交往了。

纵观古今，凡是有作为的人，都把说话讲分寸作为必备的修养之一。蜚声海内外的周恩来，他应变机敏睿智，言辞柔中有刚，就连谈判对手也情不自禁地露出赞许之态。美国前总统尼克松称赞周恩来在谈判时"显示出高超的技巧，在压力面前表现得泰然自若，恰得分寸"。

什么是"分寸"？从一定意义上说，分寸是一种不偏不倚、可进可退的中庸哲学。但中庸之道的抽象，不足以恰当地把握其中的内涵，而分寸之道，却是一种被形象化了的尺度，更易于让人明确地把握，具有可为人所用的实际操作性。

通常所说的"掌握火候""矫枉过正""过犹不及""欲速则不达"等讲的都是这种"火候"和"分寸"的问题。一方面，话说不到位不行，说不到位，别人可能悟不明白、理解不透，琢磨不出你的真实用意，你提出的想法或要求也不会被人重视和接受，非但事情办不成，也常常被人瞧不起，这样怎么能换取别人的欣赏与亲善呢？怎么能赢得别人的友谊和器重呢？另一方面，话说得太过头不行，要求太高，言辞太尖刻，让人听了不愉快，觉得你不识大体、不懂规矩、不知好歹，这样的人常常被人"敬"而远之，也同样无法与人正常交往。还有一个方面，就是话说得不巧妙不行，太憨实，有时会招来嗤笑；太絮叨，有时会招来反感；太直露，有时会招来麻烦；太幼稚，有时会令人瞧不起。

懂得讲话技巧的人，能把一句原本并不十分中听的话，说得让人觉得舒服。有一位著名企业的总裁，当他要属下到他办公室时，从来不说"请你到我的办公室来一趟"，而是讲"我在办公室等你"。

中国人办事讲人缘，中国人成功靠人缘。没有好的人缘，不知要失去多少成功的机会，干多少事倍功半的事情。人缘靠什么来维护？靠的就是嘴上有分寸。一句话说对了，可能扶摇直上，平步青云；而一句话说过了，则可能"一着不慎，满盘皆输"，毁掉一生前途。因此，要想立足于社会并取得成功，就一定要把握好说话的分寸。

## 说风原则：5种话不能开口

文有文法，说有说风。说风是一个人的立场、观点、作风、内涵等在言谈中的综合体现。说风无论好坏，都是在一定的时代背景或社会条件下形成的，是为适应某种需要产生的；当然，也因人而异。诚信、正直的人，都能自觉地说真话、实话；而有一些人常说假话、蠢话、大话、空话、粗话。对此，我们不能等闲视之。

1. 不说假话

说真话是中华民族历来赞颂的美德。《韩非子·外诸说左上》中曾子教子的故事大家都很熟悉。曾子为了让孩子学会遵守诺言，把妻子玩笑说的话付诸实施，将猪杀了，维护了妻子在孩子眼中诚实的形象。曾子的妻子是有意骗孩子吗？恐怕未必。但至少可以说，她没有意识到这种骗孩子的教育方式有多深的危害性。一次谎话就可能使孩子沾染上不良习气。曾子的行动表明他坚持了最可贵的精神——不说假话。

各国民间也有许多关于批评说谎的格言：

没有脚，但有招祸的翅膀。（日本）

即使说一句假话也是说谎，即使偷一根针也是盗窃。（蒙古）

谎言跑得再快，也永远追不上真理。（俄罗斯）

宁愿听痛苦的实话，不听甜蜜的谎言。（非洲）

有一次，列宁参加一个会议，讨论的是关于彼得格勒的工业恢复计划的问题。人民委员施略普尼柯夫做报告时，用许多优美的词句描绘出一幅十分诱人的前景。报告后，自我感觉良好的施略普尼柯夫认为会受到列宁的称赞。可列宁却向他提了几个问题：目前在彼得格勒由哪一家工厂生产钉子？产量多少？纺织厂的原料和燃料还能保证用多少天？这些简单的问题把他问得瞠目结舌。列宁批评说："谁需要你们那些大吹大擂毫无保障的计划？针线、犁、纺织品在哪里？你不能回答这些问题，原因只有一个，就是实际的计划工作被你们用华而不实的废话代替了，这无异于欺骗。"

2. 不说"蠢话"

对于交际应酬来说，语言是非常重要的手段。得体的语言就像一部车子的润滑剂，使交际活动较少摩擦地向纵深发展。一个熟悉的笑话可以作为得体语言的反面教材：

有一个人请他的朋友到家里做客，来了两位朋友。他便自言自语："该来的没来。"其中一位朋友多心，认为自己不该来，找借口走了。他又自言自语："不该走的倒走了。"剩下的那一位实在忍不住，也走了。

相比之下，下面故事中的斯提尔曼显得有些"愚蠢"。

一次，大银行家斯提尔曼很"残酷"地痛骂银行里的一个高级职员。当时，这个可怜的职员正"坐在写字台一副无精打采的面孔，钢笔在他的手指间蹿上蹿下，并不时地敲着桌子"，斯提尔曼看着他这副吊儿郎当的模样非常气愤，便用极其严厉的口吻毫不留情地痛骂了他一番。最后的几句话说得更是刻薄、粗暴，以致那个不幸的职员战栗不已，大颗大颗的汗珠顺前额淌下来。当时正好在场的一位客人实在看不过去了，忍不住说："斯提尔曼先生，我一生中从没有见过像你这么粗暴的人。他是你银行里的一个高级职员，你竟然当着一个陌生人的面侮辱他。假如他马上用刀把你刺死，我一点儿都不会觉得稀奇！"

斯提尔曼听了这种批评，默不作声。

斯提尔曼毕竟还是很聪明的，他意识到，他的话给这个职员造成了伤害，并引起很坏的影响，他为自己刚才的一番失态懊恼不已。于是，他赶忙到别处反思了一阵，等他回来完全变成了另一个人。

3. 不说大话

一次，一位很自以为是的报社主笔在英国内阁总理格莱斯顿面前夸夸其谈。那是在一次宴会上，格莱斯顿很客气地对那个青年说："几天之前我收到过你的一封信。"

"我写的吗？我已经记不得了。哦，我肯定没有写过。也许是我的秘书写的吧，可以肯定那不是我写的。"听闻此言，格莱斯顿先生心里颇觉不快，但依然平和地对他点头，宴会渐渐进入高潮的时候，格莱斯顿先生理所当然地成了大家谈论的焦点。所有的客人都想找机会接近他，听他谈话，而除了报社主笔，格莱斯顿先生对每个人都热情而客气。整整一个晚上这位主笔总想找机会与格莱斯顿先生交谈，但都未能如愿。

因为喜好夸大之故，这位主笔先生失去了与格莱斯顿先生结交的绝好机会。好吹牛而不务实，久而久之，就会养成不良的习惯。

最好能虚心地承认自己的短处，切不可靠夸张而掩饰之。

爱说大话的人编造的那些超乎常理的故事，在百无聊赖的时候听听倒还可以，因为讲的往往是绘声绘色、跌宕起伏。可细究起来他讲的主题只有一个，就是他自己。如果你留意一下，就会发现几乎每句话里都会出现一个"我"字，这个无限重复的"我"很容易让人失去耐心。

　　A是某大学讲师，总爱在人前吹嘘自己交际有多广多深，有多少科研成果，获得过多少荣誉。时间长了，他的学生给他起了一个外号叫"牛皮大师"。

　　大言不惭、夸夸其谈的人到头来只会给别人留下浅薄、无知的印象，同时，过分标榜自我、忽视旁人最终只会陷入孤岛。

　　4. 不说空话

　　人们常常因为自己的地位比别人高，资历比别人深，潜意识里就会产生一种优越感，觉得自己比别人有成就，比别人懂得多。因此在谈话时难免带有说教的腔调。

　　当然，说教并非一无是处，有时的确是正确的忠告，但这些常因带有说教腔调而引起谈话对象的逆反情绪，收效甚微。力避高高在上、目空一切的情况，且要用鲜明、生动、形例让别人心悦诚服。

　　说教者常常会说"你须知道我并不是在干涉你的作为"，"我觉得有许多话不得不同你讲"或者说"你不得不这样做，唯有如此才能避免错误发生"。

　　其实，说教者们的这些想法，应该是在别人接受观点时自心底产生的。而由说教者嘴里说出来的，再多也只是空洞的说教，结果只会让人产生抵触情绪。爱说空话的人说话很少有个准数，要么与事实本身不符，要么泛泛而谈。长此以往，极易失去别人的信任。

　　B是某企业领导，该企业明明是亏损企业，但为了某种目的与虚荣，他在上报时说赢利多少多少，结果该企业不仅得不到国家政策的某些支持，还得多交利税。对此，工人们愤愤不平，众说纷纭。

　　爱说空话的人，常将很多的时间与精力放在一件微乎其微且不切实际的事物上。若要给他倾诉的机会，他一定会不厌其烦地用5倍乃至10倍的时间来讲述他的故事。你常会等他讲得好久，已经被他众多的毫无价值的细节弄得晕头转向时，还不会听到他讲述的故事的要点。如果在他讲述的过程中，你想抓住故事梗概，问他一句："你所讲的那位穿灰色风衣的女人究竟如何呢？"他仍只是轻描淡写地回答你："不用急，我就要讲到她了，你先听我把这个讲完。"接着，他又啰里啰唆地说上很多空泛的话。

假如这位小题大做者能看出听他讲故事的人如此耐心完全是因为礼貌，那么他必定会把要说的话整理完后才讲。如果能看出对方对故事并不感兴趣，他也会做出种种努力使故事讲述得更紧凑一些，遗憾的是，他们始终观察不出听众的反应。

一个青年写了一封信给热恋的姑娘说："亲爱的，我爱你爱得没有止境，我的心是这样的热烈，我简直无法形容，我不知道用什么话才能表达出来。"假如对方是一个普通幼稚的姑娘，她一定会说"好极了"，但假如她是一个有学问的姑娘，她就会说："可怜的孩子，你的脑袋怎么这样笨啊！"

5. 不说粗话

俗话说，习惯成自然。无论什么事情，只要形成了习惯，就会自然地去做。讲粗话也是如此。一个人一旦沾上了讲粗话的习惯，往往出口不雅，自己却不知道。

习惯是长期条件反射累积的结果，因此要改变一种习惯，就需要中止原有的条件反射，努力建立新的条件反射，从而形成良好的习惯。

# 第三章

## 口才规则

## 诚恳规则：谦和诚恳，缩短距离

第一次见面时，用三言两语恰到好处地表达你对对方的友好情意，或肯定其成就，或赞扬其品质，就会顷刻间暖其心田、感其肺腑，就会使对方油然而生一见如故、欣逢知己之感。初次见面时交谈达到这种程度会为日后的深入交往做好铺垫。跟从未见过面者电话交谈时适当地表情达意同样能使对方感动不已。

很多时候，当你与对方的意见出现分歧时，你也许很想打断他。不要那样做，那样做很危险。当他有许多话急着要说的时候，他不会理你的。因此，你要耐心地听着，诚恳地鼓励他充分地说出自己的看法。

在日常生活中，我们也应该做一个开明谦和的人。比如说，如果你从事推销工作，那么被别人拒绝就是在所难免的了。对方拒绝你并不是因为一定不想买你的产品，而或许是因为与你有距离感，这种时候你就非常有必要想办法用一种比较谦和的态度来消除与对方的距离感。

刘先生是一家天然食品公司的推销员。一天，他还是一如往常，把芦荟精的功能、效用告诉一位陌生的顾客，对方同样没有兴趣。刘先生自己嘀咕："今天又无功而返了。"当刘先生正准备向对方告辞时，突然看到阳台上摆着一盆美丽的盆栽，种着紫色的植物。刘先生于是请教对方说："好漂亮的盆栽啊！平常似乎很少见到。"

"确实很罕见。这种植物叫嘉德里亚，属于兰花的一种。它的美，在于那种优雅的风情。"对方从容地解释道。

"的确如此。会不会很贵呢？"刘先生接着问道。

"很昂贵。这盆盆栽就要800元呢！"对方从容地接着说。

"什么？800 元……"刘先生故作惊讶地问道。

刘先生心里想："芦荟精也是 800 元，大概有希望成交。"于是慢慢地把话题转入重点，"每天都要浇水吗?"

"是的，每天都要很细心养育。"

"那么，这盆花也算是家中的一分子喽?"这位家庭主妇觉得刘先生真是有心人，于是开始倾囊传授所有关于兰花的学问，而刘先生也聚精会神地听。

过了一会儿，刘先生很自然地把刚才心里所想的事情提出来："太太，您这么喜欢兰花，您一定对植物很有研究，您是一个高雅的人，同时您肯定也知道植物带给人类的种种好处，带给您温馨、健康和喜悦。我们的天然食品正是从植物里提取的精华，是纯粹的绿色食品。太太，今天就当作买一盆兰花把天然食品买下来吧!"

结果对方竟爽快地答应下来。

这笔生意的成交多半是因为刘先生态度谦和，既没有咄咄逼人的强势，也没有卑躬屈膝让人鄙视。这一结果虽出人意料，但并非在情理之外。

实际上，只要你有谦和的态度，你要办的事情往往会柳暗花明，甚至在你毫无思想准备的情况下获得成功。谦和诚恳不仅是良好修养的体现，也是高超的语言驾驭能力的体现。这种能力能使对方放下敌意，像你一样的谦和，进而与你建立一种相互吸引的关系。

## 换位规则：换位思考，说得更好

很多人往往习惯将自己的想法、意见强加给别人，总觉得自己的做法、意见才是最好的。虽然出发点都是好心的，是为了帮助别人解决某些问题，但是始终没有站在对方的立场上想过这样是否适合。所以当我们和别人商谈事情时，我们不应该先自我确定标准和结论，应该站在对方的立场上仔细想想，关心询问对方对这件事情的看法和应该如何解决这个问题，而不是直接讲一番自我的大道理来逼迫对方接受。

在与对方沟通时，站在对方的立场上，才能让人听着顺耳，觉得舒服。站在对方的立场上，设身处地地想，设身处地地说。如此，不仅能使他人快乐，也能使自己快乐。

站在对方的立场上考虑问题，你会发现，你跟他有了共同语言，他所思所想、所喜所恶，都变得可以理解。在各种交往中，你都可以从容应对，要么伸出理解的援手，要么防范对方的恶招。许多人不懂得如何站在对方的立场上思考和说话，这是导致很多事情做不成功的一大原因。

站在他人的立场上说话，能给他人一种为他着想的感觉，这种投其所好的技巧常常具有极强的说服力的。要做到这一点，"知己知彼"十分重要，唯先知彼，而后方能从对方的立场上考虑问题。成功的人际交往语言，有赖于发现对方的真实需要，并且在实现自我目标的同时给对方指出一条可行的路径。

某精密机械总厂生产某项新产品，将其部分部件委托另外一家小型工厂制造，当该小型工厂将零件的半成品呈示总厂时，不料全不合该厂要求。由于迫在眉睫，总厂负责人只得令其尽快重新制造，但小厂负责人认为他是完全按总厂的规格制造的，不想再重新制造，双方僵持了许久。总厂厂长在问明原委后，便对小厂负责人说："我想这件事完全是由于公司方面设计不周所致，而且还令你吃了亏，实在抱歉。今天幸好是由于你们帮忙，才让我们发现竟然有这样的缺点。只是事到如今，事情总是要完成的，你们不妨将它制造得更完美一点，这样对你我双方都是有好处的。"那位小厂负责人听完，欣然应允。

也许你会质疑："站在对方的立场上说来容易，实际要做的时候却很难。"没错，站在对方的立场上来说话确实不容易，这却不是不可能的。许多口才不错的人都能确实做到这一点。因为若不如此做，谈话成功的希望就可能是很小的。真正会说话的人，善于努力地站在他人的角度来设想，并且乐此不疲。然而，他们也并非一开始就能做得很好，而是从一次次的说服过程中吸收经验、记取教训，不断培养自己养成这种习惯，最后才达到这样的境界。因此，只要你愿意，这并不是件太大的难事。

站在对方的立场上思考和说话，设身处地地为别人着想，往往能让人非常感动。现在有一个很流行的说法是"理解万岁"，一个人最大的痛苦之一就是没人理解，如果我们能站在他的立场上说话，那对于他来说是一种莫大的幸福。

美国汽车大王福特说过："如果说成功有秘诀的话，那就是站在对方的立场上认识和思考问题。"如果你与别人意见不一致了，假若能站在对方的立场上认识和思考问题，你也许会发现是自己错了。而且如果你肯主动承认错误，就会使矛盾很快得到解决，还能赢得他人的喜欢。

# 团结规则：交流过程，多说我们

有一位心理专家曾经做过一项有趣的实验。他让同一个人分别扮演专制型、放任型与民主型3种不同角色的领导者，而后调查其他人对这3类领导者的观感。

结果发现，采用民主型方式的领导者，他们的团结意识最为强烈。同时研究结果也指出，这些人当中使用"我们"这个名词的次数也最多。

一家公司招聘员工，最后要从3位应聘人员中选出两个。他们给出的题目是这样的：

假如你们3个人一起去沙漠探险，在返回的途中，车子抛锚了。这时，你们只能选择四样东西随身带着。你会选什么？这些东西分别是：

镜子、刀、帐篷、水、火柴、绳子、指南针。其中帐篷只能住两个人，只有一瓶矿泉水。

甲男选的是：刀、帐篷、水、火柴。

面试经理问他，为什么你第一个就要选刀？

甲男说："害人之心不可有，防人之心不可无。这帐篷只够两个人睡，水只有一瓶，万一有人为了争夺生存机会想害我呢？所以，我把刀拿到手，也就等于把主动权抓到了手中。"

乙女和丙男选的四样物品为：水、帐篷、火柴、绳子。

乙女解释说："水是必需品，虽然只有一瓶，但可以省着点喝；帐篷虽然只能容纳两个人睡，但是可以3个人轮换着来休息；火柴也是路上必不可少的；而绳子可以用来把3个人绑在一起，这样在风沙很大、看不见物的时候，队伍就不会散了。"丙男给出的解释与乙女相同。

最后，甲男被淘汰出局。

事实上，我们在听演讲时，对方说"我认为……"带给我们的感受，将远不如他采用"我们……"的说法，因为采用"我们"这种说法，可以让人产生团结意识。

小孩子在做游戏时，常会说"我的""我要"等语，这是自我意识强烈的表现，在小孩子的世界里或许无关紧要，但若长大成人以后仍然如此，就会给人自我意识太强的坏印象，人际关系也会因此受到影响。

人的心理是很奇妙的，同样的事往往会因说话的态度不同，而给人完全不同的感觉。因此善用"我们"来制造彼此间的共同意识，对促进我们的人际关系将会有很大的帮助。

"我没有做什么，同事们和我一样战斗在工作第一线，尤其领导更是起了带头作用，为我们做出了榜样。所以今天大家给我的荣誉，我觉得功劳不能归于一人，功劳是大家的。"在一些表彰会上，经常可以听到这样的语言。其实这些话多半言不由衷，因为明明工作就是一个人干的嘛。但是把"我"说成"我们"，一来显得自己谦虚，二来让领导和同事们听着都很舒服：这小子，还有点眼光。

中国是一个传统的国家，中国人有内敛的普遍个性，这种内敛个性成为了我们基本价值判断的一部分。如果一个人过分强调自己，什么事都抢着去干，或者什么功劳都揽到自己头上，什么过错都推给别人，那这个人很可能就要倒霉了，除非你是团队中的头号人物。所谓"枪打出头鸟"就是这个道理，所以即使自己干了很多，苦劳都是自己的，也要把功劳分给大家。这不过是让心中不平之人聊可自慰的，就是你做了事情却把功劳和大家分享了，你在别人心中的地位就会逐渐提高。群众的眼睛是雪亮的，什么东西他们看不出来？领导更是眼明心亮，只要你不抢他的风头，时间长了肯定有你的好处。

说"我"跟"我们"的差别，其实就是让听者心里头高兴与否。说"我们"，听者心里高兴，对自己有好处；说"我"，听者心里不高兴，对自己没什么好处。既然这样，聪明的人就应该多说"我们"少说"我"。

那么，是不是不能说"我"呢？当然不是，只是要把握好机会。平时积累了很多人情资本，在关键时刻勇敢地把"我"说出来，等于是量变到质变的飞跃，会取得让人满意的结果。

## 赞美规则：赞美艺术，看人下菜

人的地位有高低之分，年龄有长幼之别，因而因人而异、突出个性的赞美比一般化的拍马屁能收到更好的效果。老年人总希望别人不忘记他"想当年"的业绩与雄风，同其交谈时，可多称赞他引以为豪的过去；对年轻人不妨赞扬他的创造才能和开拓精神，并举出几点实例证明他的确能够前程似锦；对于经商的人，可称赞他头脑灵活，生财有道；对于知识分子，可称赞他知识渊博、宁静淡泊……这些都是恰如其分的。而如果夸一个中年妇女活泼可爱、单纯善良就会不伦不类，弄不好会招致臭骂；赞美你的领导发家有方、日进斗金，恐怕升迁就渺茫了。

要夸别人，应有一种"战无不胜"的信心。人都是有弱点的，再谦虚，再不近人情，再标榜不喜欢听甜言蜜语的人，其实都是喜欢别人拍马屁的，但要恰如其分。

古时候有一个人非常善于拍马屁。他阿谀奉承地过了一生，送了无数的高帽子给人戴。死后到了阴间，阎王亲自审问他。

"你这人活了一世，只懂阿谀奉承，让人不思进取，实在是罪该万死。来啊，把他给我打下十八层地狱！"阎王怒气冲冲地吼道。

"慢着，"那人不慌不忙地说道，"小人是该死，但小人奉承的都是那些有虚荣心的人。像大王您这样英明神武、铁面无私、没有虚荣心的人是不会接受小人的高帽的。"

"还算你有眼！"阎王笑着说，"你投胎去吧！"

要想赞美别人，就要善于揣测人心，了解对方的需要，有的放矢。比如营业员与顾客在商品质量、价格等方面争执不下时，营业员改换话题，称赞这位顾客真有眼光，这衣服款式是最新的，面料也好，特别畅销。再夸她能说会道，真会砍价，我们这儿从没这么低的价钱了。顾客一定喜欢听，不好意思再争下去，说不定很快就买下来了。人的心理就是这么奇怪。

吴局长除了精于本职业务以外，对书法也颇有研究。一次部下小丁去拜访他，恰巧碰到他在写字。"哎呀，没想到吴老的字写得这么好。"精明的小丁一副发现新大陆的样子。

"哪里哪里，胡乱涂鸦罢了。"吴老很谦虚。"我以前也学了两年书法，但总不得要领。不知道吴老有什么绝招，可不可以教教我？"小丁虚心求教。"你也喜欢书法？那太好了！"吴老说。

吴老像遇到知己一样，兴奋地对自己的部下说起来。"就我自己的体会，学写书法就在于3点：眼到、心到、手到。所谓眼到，就是观摩名家作品，要观察入微；心到呢，就是学书法要有恒心，切不可'三天打鱼，两天晒网'的，并且写的时候要用心去体会，进入忘我的境界。"吴老停下来，喝了口茶。

"那手到又是什么呢？"小丁一副求知的样子。

"手到当然是多练了。只有多练才能体会到书法的真义。"

"唉，我过去就是看得少，练得少，并且没有恒心。今天听吴老一席话，对我的帮助真是太大了!"小丁感慨地说。

接下来宾主自然是谈得非常投机。临走时，吴老还送了小丁一幅自己的字。小丁将它往自己办公室一挂，当然增光不少，吴局长也更喜欢他了。

虚荣是人的天性，它希望被满足的欲望是强烈的。我们与别人交流的时候可以先明白对方的虚荣所在，然后用一些恰当的话去满足这种虚荣，看人下菜碟儿，对方一定会非常受用。

每个人都有自己的长处，这方面往往是他花费了精力才获得的，如果你对他的这方面表示承认，并且表示得谦虚一些，对他显露出求教的意思，给他充分展现自己特长的机会，他一定会很高兴的。

## 观察规则：想说好话，察言观色

人人都有这样的经验：有时同某人在一起，说话很愉快，也有时同某人在一起，感到很烦，本来很感兴趣的话题却不想谈下去。究其原因，主要是因为对方说话不讨人喜欢，该问的问，不该问的也问，所以让我们觉得厌烦。说话要讲究轻重、曲直，更要察言观色，知道哪些话该说哪些话不该说，哪些该问哪些不该问。

西汉初年，汉高祖刘邦打败项羽，平定天下之后，开始论功行赏。这可是攸关后代子孙的万年基业，群臣们自然当仁不让，彼此争功，吵了一年多还吵不完。

汉高祖刘邦认为萧何功劳最大，就封萧何为侯，封地也最多。但群臣心中不服，私底下议论纷纷。

封爵受禄的事情好不容易尘埃落定，众臣对席位的高低先后又群起争议。许多人都说："平阳侯曹参身受 70 次伤，且率兵攻城略地，屡战屡胜，功劳最大，他应排第一。"刘邦在封赏时已经偏袒萧何，委屈了一些功臣，所以在席位上难以再坚持己见，但在他心中，还是想将萧何排在首位。

这时候，关内侯鄂君已揣测出刘邦的心意，于是就顺水推舟，自告奋勇地上前说道："大家的评议都错了！曹参虽然有战功，但都只是一时之功。皇上与楚霸王对抗 5 年，时常丢掉部队四处逃避，萧何却常常从关中派员填补战线上的漏洞。楚、汉在荥阳对抗好几年，军中缺粮，也都是萧何辗转运送粮食到关中，粮饷才不至于匮乏。再说，皇上有好几次避走山东，都是靠萧何保全关中，才能顺利接济皇上的，这些才是万世之功。如今即使少了一百个曹参，对汉朝有什么影响？我们汉朝也不必靠他来保全啊！你们又凭什么认为一时之功高过万世之功呢？所以，我主张萧何第一，曹参居次。"

这番话正中刘邦的下怀，刘邦听了，自然高兴无比，连连称好，于是下令萧何排在首位，可以带剑上殿，上朝时也不必急行。

鄂君因此也被加封为"安平侯"，得到的封地多了将近一倍。他凭着自己察言观色的本领，享尽了一生荣华富贵。

问题是展开话题的钥匙。所以说话察言观色就要做到问话要讨人喜欢。有些问题，当你得不到满意的答复时，是可以继续问下去的，但有些问题就不宜再问。比方说你问对方住在哪里，他如果只说地区而不说具体地址，你就不宜再问在某路某号。如果他愿意让你知道的话，他一定会主动详细说明的，而且还会补充上一句，邀请你去坐坐，否则便是不想让别人知道，你也不必再追问了。举一反三，其他诸如此类的问题，如年龄、收入等也一样不宜追问，以免引起对方不快。

不可问对方同行的营业情况。同行相忌，这是一般人的毛病。因为他回答你时，若不是对其同行过于谦逊的赞扬，便是恶意的诋毁。在一个人面前提及另外一个和他站在对立地位的人或物总是不明智的。

此外，在日常交际中要知道的是：不可问及别人衣饰的价钱；不可问女士的年龄（除非她是 6 岁或 60 岁左右的时候）；不可问别人的收入；不可详问别人的家世；不可问别人用钱的方法；不可问别人工作的秘密，如化学品的制造方法，等等。

凡别人不知道或不愿意让人知道的事情都应避免询问。问话的目的在于引起双方的兴趣，而不是使任何一方没趣。若能让答者起劲，同时也能增加你的见识，那是问话的最高本领。

一位社交家说："倘若我不能在任何一个见面的人那里学到一点儿东西，那就是我的处世的失败。"

这句话很发人深省，因为虚怀若谷的人，往往是受人欢迎的。记住，问话不仅能打开对方的话匣，而且你可以从中增益学问。

## 规避规则：不同观点，婉转表达

美国前参议院议员罗慈和哈佛大学校长罗威尔，在欧战结束后不久，一同被请到波士顿去辩论国际联盟的问题。罗慈感觉到大部分听众都对他的意见表示仇视，可是他决定让听众都赞同他的意见。他该怎样表达自己的观点，让听众赞同自己呢？下面是他的那篇演说稿，看完他开始的十几句话，即使反对他最强烈的人，也无法对他提出相悖的意见。为了称颂听众的爱国热忱，他称听众为"我的同胞"；为了缩小彼此意见相悖的范围，他敏捷而郑重地提出他们共同的思想；为了赞美他的对方，他坚持着说他们的不同点只是方法上琐碎的小枝节，而对于美国的幸福以及世界的和平诸多大问题，他们的观点是完全一样的。他更进一步地说，他也赞成国际联盟的组织是应该有的。分析到最后，他和对方的不同点，只是他觉得"我们应该有一个更完善的国际组织"。现在就让我们来看看他演说的开头吧：

校长、诸位朋友、诸位先生、我的同胞们：

罗威尔校长给了我这样一个机会，使我能够在诸位面前说几句话，对此我感到十分荣幸。我们俩是多年的老朋友，而且都是信奉共和党的人，他是我们拥有最大荣誉的大学校长，是美国最重要、极有权威和地位的人，他还是一位研究政治最优秀的学者和史学专家。现在，我们对于当前的重大问题，在方法上也许有所不同。然而，在对待世界和平以及美国的幸福的问题上，我们的目的还是一样的。如果你们允许的话，我愿意站在我本人的立场上来简单地说几句。我曾用简明的英语，一次又一次地说了好多遍了，但是，有人对我产生了误解，竟说我是反对国际联盟的，而无论它是一个怎样的组织。其实，我一点儿也不反对，我渴望着世界上一切自由的国家，大家都联合起来，成立我们所谓的联盟，也就是法国人所说的协会。只要这个组织能够真正联合各国，各尽所能，争取世界永久和平，促成环球裁军的实现。

任你曾对演说者的意见有过怎样激烈的反对，但当你听完这样一个开头之后，你觉得心平气和些吧。你当然愿意更多听一些，至少你相信演说者是个正直的人。

如果罗慈的演说开头就把那些支持国际联盟的人加以痛斥，说他们真是荒谬达到极点，而且自己再在心里存着一种偏见，结果当然必败无疑。相反，他机智、委婉地把自己的观点托出，反而让听众更愿意往下听。下面一段话，是从罗宾汉教授所著最伟大、最受人欢迎的《心的形成》一书中摘录下来的，他根据心理学来指示我们为什么直接攻击的方式不会发生效力：

这是我们常常感觉到的，我们并不费什么情感，或是遭遇到什么阻力，就把原来的意见改变了。但是，如果有人明确指责我们的错误，我们立刻会对这指责发生反感，并且还使我们的主意更加坚决。我们的信念往往在不知不觉中发生，但是，如果有谁来打消我们那种信念时，我们就会十分坚决地以全力来保护它。

如果你要表达一个与别人的意见相左的观点，特别是你要说服别人相信自己的观点并抛弃原有的意见，那么你最好不要一上来就攻击说别人是错误的，而应该机智、委婉地表述自己的观点，然后把听众引到你的观点上来，从而使他们忘记原来的观点。

# 第四章
# 说话禁忌

## 心态禁忌：别让恐惧扼住了喉咙

千万不要小看恐惧对一个人谈吐的影响。至少有90%的人，在公开场合发表讲话时，都会产生恐惧和紧张感，出现各种表达不清晰、不恰当的情况。所以千万别让恐惧掐住我们的喉咙。

恐惧是阻碍人说话达到预期效果的重要因素。我们常常可以听到："我的老师在每堂课上都喜欢提问。无论何时被叫到，我都会口干舌燥。如果是一对一闲谈，我会稍微感觉好一点儿，但仍然紧张。""没有比求职更糟的了。在等待会见时，我总是冒冷汗，额头布满汗珠，腋窝也湿了。还没进办公室就这副样子！"

是什么使这些恐惧落在我们的身上？简单地来说，每个人都想获得尊重、招人喜爱。可信和令人喜爱是实现自如说话的两个重要因素，几乎每个人都想从这两点中获益。不管我们已有多少，永远也不会觉得足够。为了这两样东西，人们就会不自觉地产生紧张感，这种紧张感的出现源于以下两种心理因素：

第一种，不想献丑。这些人的想法是，一旦在众人面前说话，自己的粗浅根底、拙劣看法都会暴露出来，那么从此以后，哪还有自己的立足之地？所以，不说话或少说话更稳妥。

不过，持有这种想法的人应该想一想，一个人尽量不暴露自己的短处，相对的，其长处也就无法尽显出来。其实只要你认真地发挥全力，诚诚恳恳地把话说出来，相信必会有不错的表现。

第二种，不知道该如何组织说话的内容，所以会感到惊惶。有的人产生此种感觉是先天原因：如生来性格内向，他们说话低声细语，见到生人就脸红。还有一些教育不当的因素也占其中：儿童时期因长辈不加以引导，孩子见到生人或到了陌生的地方，便习惯性地害羞、躲避，没有自信心。等到长大之后，便羞于与人接触，更羞于在公开场合讲话。

害怕当众讲话，没有谁会是特例。可以毫不夸张地说，人人都可能在说话前后或说话过程中出现紧张、恐惧心理，即便演说专家、能言善辩者也不例外。世界上没有天生的演说家。

大凡闻名世界的成功推销员、演说家，并非一开始就对说话习以为常、无所畏惧。一名成功的推销员很可能在历经多次失败之后才建立起说话的勇气，著名的演说家也是从无数次演说经验中才掌握了演讲的技巧，才能赢得满堂彩。所以，第一次尝试总是比较艰难，但一回生、二回熟，熟悉之后就能泰然处之、游刃有余。

提供一份"勇气修炼秘籍"，会让你快速进入说话的最佳状态。

（1）关于如何克服当众怕羞的心理，卡耐基的意见是："你要假设听众都欠你的钱，正要求你多宽限几天；你是神气的债主，根本不用怕他们。"所以，树立自信是克服恐惧感的第一步。你要这样认为，当你开口说话时，听众当中有人相信你的能力，相信你对议题有十分精通的判断。

（2）抓住机会努力练习口才。只要是不会让你感到紧张的场合，你都可以练习，甚至你可以选择一块石头作为听众。然后循序渐进地把家庭成员、亲近的朋友，然后是任何人当成练习的对象。

（3）主动营造说话的气氛。如果在与别人说话时的气氛好，或者当时所谈论话题人人感兴趣，那么人们的谈话兴致便高，回应的速率也会很快，这样就避免了自说自话的尴尬，无形中减少了人在发言时的恐惧感。

（4）效仿名人的谈吐方式，可以学习他们发言的风格。

（5）身体克服恐惧法。多进行深呼吸式的减压练习以及放松摆臂练习，来减少精神引发的肌肉紧张感。只要人的身体放松，说话就会慢慢变得流畅。

# 地域禁忌：避开别人的地域禁忌

我国地域广阔，方言习俗各异。一个规模较大的单位，不可能只由本地人组成，一定还会有各地的同事，要特别注意这点。不同的地方，语言习惯不同，自己认为很合适的语言，在其他不与你同乡的同事听来，可能很刺耳，甚至认为你是在侮辱他。

小齐是西北某地区人，而小秦是北京人。一次两人在业余时间闲聊，谈得正起劲时，小齐看见小秦头发有点长了，就随口说：“你头上毛长了，该理一理了。”不料小秦听后勃然大怒：“你的毛才长了呢！”结果两人不欢而散。

无疑，问题就出在小齐的一个“毛”字。小齐那个地方的人都管头发叫作“头毛”，小齐刚来北京时间不长，言语之中还带着方言，因此不自觉地说了出来。而北京却把“毛”看作是一种侮辱性的骂人的话，无怪乎小秦要勃然大怒了。

还有许多其他的语言习惯，如北方称老年男子叫老先生，但如果上海嘉定人听来，会当是侮辱。安徽人称朋友的母亲为老太婆，那是尊敬她，而在浙江，称朋友的母亲为老太婆那简直就是骂人了。各地的风俗不同，说话上的忌讳各异。在与同事交往的过程中，必须留心对方的忌讳话。一不留心，脱口而出，最易伤同事间的感情。即使对方知道你不懂得他的忌讳，情有可原，但多少你还是冒犯了他，在双方的友谊上是不会有增进的，因此应该特别留心。

各地的风俗习惯不同，所以各地的习俗也形形色色、五花八门。因此，当我们在和外地人交谈时，首先就要了解一下该地域的文化背景，尤其是当地的禁忌，以免在洽谈中使用了不恰当的语言，触犯了他们的忌讳，从而引起不必要的误会，甚至妨碍了有效的人际交流。

比如，到内地来投资的香港商家很多，他们说话时都爱讨个吉利，所以，在与港商进行洽谈时，当地认为不吉利的话我们就不要说。像"四"与"死"谐音，在他们面前说"四"就会犯忌讳。他们对六、八、九这 3 个数字颇有好感，因为听起来很像大吉大利的"禄、发、久"。掌握了这一点，你讨价还价时，不妨向他们讨个吉利。

到饭店去用餐，再吃猪舌，可千万别直呼其名。因为在粤语中"舌"与"蚀"同音，"蚀"即亏本。与港商一起用餐，你若说："点个炒猪舌"，他们肯定会觉得不快。而平时，他们总是称猪舌为"猪利"或"赚头"。

"金利来，男人的世界"——这句广告词可谓家喻户晓，令"金利来"领带风靡神州。殊不知，它也曾有过被消费者拒之门外的经历呢。

"金利来"，原名是意大利文 Goldlion 的意译——"金狮"。有一天，"金狮"有限公司董事长曾宪梓先生，将两条"金狮"领带送给一个亲戚，亲戚一脸不高兴地说："我才不戴你的领带呢。金输金输，什么都输掉了。"原来，粤语中，"狮"与"输"读音相近。为了避免犯这个忌讳，曾先生当晚一夜未眠。冥思苦想，绞尽了脑汁，终于想出了万全之策。

他将 Gold 依然意译为"金"，却将 Lion 音译为"利来"，即"金利来"。这个名字体现了曾先生对消费者的文化传统、风俗习惯以及消费心理的尊重。终于使"金利来"这个名字一叫即响，人见人爱。可见，只有"入乡随俗"的商业活动，才能真正抓住顾客的消费心理。

## 表达禁忌：避免表意不明引歧义

人说话的目的就是要让别人听懂自己，理解自己。一个人开口说话，令人清楚明白是最基本的要求，如果说的话别人听不懂，语言不准确或者意思表达不清楚，就不能反映出自己的现实面貌和思想实际，听者也就不能理解和接受，结果不仅会给自己带来不少麻烦，甚至还会引起无法挽回的误会。

"二战"期间，由于德军经常空袭伦敦，所以英国空军总是保持高度警惕。在一个浓雾漫天的日子，伦敦上空突然出现了一架来历不明的飞机，英国战斗机立即升空迎击，到飞临对方时，才发现这是一架中立国的民航机。

英国战斗机向地面指挥部报告了这一情况，请求指示。地面指挥部回答："别管它。"于是，英国战斗机发出一串火炮，把这架民航机打落了。后来，英国为此支付了一笔巨额赔偿才了事。

在这一事件中，英国地面指挥人员和战斗机驾驶员都负有不可推卸的责任。首先是地面指挥部，不该用"别管它"这样语义不明的言辞来回答。这既可以理解为"别干涉它，任它飞行"，也可以理解为"甭管它是什么飞机，打下来再说"。其次是战斗机驾驶员的责任，在听到这种可作完全相反理解的命令后，他应该再次请示，然后再采取行动。这样就不致铸成大错了。

在遇到这种存在歧义的言辞时一定要慎重处理，切勿模糊不清，否则它会成为你与人沟通的障碍，甚至会得罪人。例如，在一所公司中，人事流动是正常的，对一个高明的部门主管来说，当有人走了以后，他要做的事情应该是如何通过自己的语言影响力来稳住留下来的人。但是，有很多部门主管并不注意这一点。

某公司的部门经理手下有6名职员。有一天，2名职员提出辞职，这位经理感到很不安，他对留下来的4名职员说，"那些精明能干的人都走了，我们的将来真是前途未卜！"显然，这句话得罪了留下来的4名职员，会使部门的气氛更加紧张。

也许这位部门经理对留下来的4名职员并无贬低之意，可是由于他的表达不准确，使这4名职员心理上产生阴影，在日后的工作中，肯定会产生对抗情绪。

一个说话准确的人，总可以准确、流利地表达出自己的意图，也能够把道理说得很清楚、动听，使别人很乐意接受。当然，说话能够做到雅俗共赏是最理想的，那将使你拥有更多听众。但无论如何，为了准确传达你的信息，应尽量避免说那些会使人误会的言辞。

下面3点能够让我们尽快掌握表达的方法。

（1）从语言上来讲，说话要通俗易懂。如涉及某些专业问题时，如果听者不是专家学者，应改用浅显、平易、朴实的语言，少用专业术语，更不可咬文嚼字，故作高深。如果听者是具有较高文化素养的人，语言可以稍微文雅些，让自己的谈吐适应他们的水平。

（2）少说套话，最好直入主题，清晰明确地表达自己的意见。但不要为了省话而只说简短的语言，以免让别人产生误会。

（3）经常朗读优秀的文章，练习写作，以修炼自己的语言组织能力；在说话前深呼吸，仔细思考所说之言的顺序，避免发言时逻辑思维混乱。

## 方法禁忌：说话必须避免的恶习

人们在日常说话时，由于场合简单，人员熟悉，所以随意性过大，难免存在一些不好的说话习惯。这些不好的习惯在一定范围的小圈子内无伤大雅，有时还能增进彼此间的关系，但是如果放到一个正式场合，这些不好的习惯就可能给你带来负面的影响。以下几点将提醒我们说话的坏习惯给我们在表达上带来的不便，进而指出我们应该采取的方法。

1．是否使用鼻音说话

用鼻音说话是一种常见且影响极坏的缺点，当你使用鼻腔说话时，就会发出鼻音。如果你用大拇指和食指捏住鼻子，你所发出的声音就是一种鼻音。在电影镜头里，如果演员扮演的是一种喜欢抱怨、脾气不好的角色，他们往往使用的就是鼻音的说话方式。如果你使用鼻音说话，当你第一次与人见面时，也就很难吸引他人的注意。你听起来像在抱怨、毫无生气、十分消极。不过，如果你说话时嘴巴张得不够，声音也会从鼻腔而出。当你说话时，上下齿之间最好保持半寸的距离。鼻音对于女人的伤害比对男人更大，你不可能见到一位不断发出鼻音，却显得迷人的女子。如果你期望自己在他人面前具有极大的说服力，或者令人心旷神怡，那么你最好不要使用鼻音，而应使用胸腔发音。

2. 改变过于尖锐的声音

当我们受到惊吓或者恐惧时，当我们大发脾气时，当我们呼唤孩子时，往往会提高嗓门，发出一种类似尖叫的声音。女人尤其如此，这也许是因为她们整日面对着无数的刺激。尖锐的声音比沉重的鼻音更加难听难受，也许人们老远听见你的声音就避而远之。你可以通过镜子发现自己的这一缺点，你说话时脖子是否感到紧张？血管和肌肉是否像绳索一样凸出？下颚附近的肌肉是否看起来明显紧张？如果出现上述情形，你可能就会发出像海鸥一样的声音。

3. 克服讲粗话的毛病

任何事情，一旦形成习惯，就会自然地发生。讲粗话也是同样的道理。一旦沾上讲粗话的恶习，往往是出口不雅，自己还不知道。

（1）要认识到讲粗话是一种坏习惯，是不文明的表现，从思想上强化克服这种习惯的动机。实践表明，动机越强烈，行动越迅速，效果越明显。

（2）找出自己出现频率最高的粗话，而后以最大的决心将其改正。可以通过改变讲话频率，每句话末停顿一下，讲话前提醒自己等办法，改变原有的条件反射。改掉了出现频率最高的粗话，克服其他粗话也就简单了。

（3）要有实事求是的思想准备。"冰冻三尺非一日之寒"，要克服说粗话的恶习当然也要一些时间，操之过急只能越改越多。

（4）请别人督促。有时自己讲了粗话还不自觉，那么就有必要请人对自己进行监督。当然，这里的"别人"最好是了解自己的人，这样督促起来可以直截了当。

4. 克服说话"结巴"的毛病

"结巴"是口吃的通称。口吃就是说话时字音重复或词句中断的现象。有些人在运用语言进行交流时会出现"结巴"的情形。其实，"结巴"产生的原因是多方面的。

"结巴"对于极个别的人来说是一种习惯性的语言缺陷，是一种病态反应，他们也被称为口吃患者。要想治愈他们的"结巴"，除药物治疗外，更重要的是去除他们的心理障碍。对待他们，首先不可取笑，更不能以此逗乐。其次要努力创造条件，不断变换方式，消除其自卑心理，培养其说话的兴趣。例如，我们可以有意识地和他们交谈，态度要和蔼，放慢速度，耐心倾听，不时加以赞赏。可以请他们说一些亲身经历或耳闻目睹的事，这样会增强他们说话的信心。

另外，有口吃的人不能消极地一味依靠外部力量，还要不断地训练自己。日本前首相田中角荣少年时代就是口吃患者，为了克服这个缺陷，他常常朗诵、慢读课文，为了发音准确，就对着镜子纠正口形，后来他成了一位著名的政治家、演说家。有口吃的人不妨试一试田中角荣的方法，只要坚持不懈并保持良好的心态，相信一定会产生好的效果。

5. 检测说话的速度

即使是一些职业演说家或政治家，有时也不容易把握好自己说话的速度，如果你说话太快，别人就听不懂你在说些什么，而且听得喘不过气来。如果太慢，人们就会根本不听你说，因为他们缺乏一种耐心。适当的说话速度约为每分钟 120～160 个字，当我们朗读时，其速度要比说话快。而且说话的速度不宜固定，你的思想、情绪和说话的内容会影响你表达的快慢。说话中把握适度的停顿和速度变化，这会给你的讲话增添丰富的效果。

为了测量自己说话的速度，你可以按照正常说话的速度念上一段演讲词，然后用秒表测出自己朗读的时间。如果你说话的速度每分钟不到 110 个字，那说明你说话的速度需要调整，否则，你最适合的工作就是去当保姆了，因为你很快就会令人入睡。

6. 铲除"口头禅"

在我们平常与人讲话或听人讲话之时，经常可以听到"那个、你知道、他说、我说"之类的词语，如果你在说话时反复不断地使用这些词语，那就是口头禅。口头禅的种类繁多，即使是一些伟大的政治家也会出现这种毛病。

有时，我们在谈话中还可以听到不断的"啊""呃"等声音，这也会变成一种口头禅，请记住奥利佛·霍姆斯的忠告——切勿在谈话中散布那些可怕的"呃"音。如果你有录音机，不妨将自己打电话时的声音录下来，听听自己是否出现这一毛病。一旦弄清自己的毛病，那么在以后与人讲话的过程中就要时时提醒自己注意这一点。

7. 停止过于频繁的动作

检查一下自己，你是否在说话时不断出现以下动作：坐立不安、蹙眉、扬眉、歪嘴、拉耳朵、摸下巴、搔头皮、转动铅笔、拉领带、弄指头、摇腿等。这都是一些影响你说话效果的不良因素。当你说话时，听众就会被你的这些动作所吸引，他们大多会看着你的这些可笑的动作，根本不可能认真听你讲话。

在你讲话时，完全可以自我提示，一旦意识到自己出现这些多余的动作，赶紧改正。

8. 运用有风度的言辞

风度是一个人涵养的外在表现，说话风度是一个人内在气质的言语表现。增强自己说话魅力的一个重要途径就是提升自己说话的风度。一个说话有风度的人，会令人仰慕不已、倾心无比。正如德国戏剧家莱辛所说："风度是美的特殊再现形式。"

孔子说："文质彬彬，然后君子。"风度正是外在语言和内在气质的恰当配合。首先，风度是一种品格和教养的体现。如果一个人没有高尚的道德情操，没有一定的文化修养，没有优雅的个性情趣，其说话必然是粗俗鄙陋、琐碎不雅。其次，风度是一种性格特征的表现。比如性格温柔宽容、沉静多思的人，往往寥寥几句轻声细语就能饱含浓烈的感情成分；而粗犷豪放、性情耿直者，则说话开门见山、直来直去。再次，风度是涵养的一种表现。这主要表现在处理人际关系时，不卑不亢、雍容大度。最后，风度是一个人说话的遣词造句、语气腔调、手势表情等的综合表现。如法官在法庭上说话时，往往会正襟危坐、不苟言笑、咬文嚼字、逻辑缜密。

　　说话的风度是多种多样、丰富多彩的。洋洋洒洒、侃侃而谈是风度，只言片语、适时而发也是风度；谈笑风生、神采飞扬是风度，温文尔雅、含而不露也是风度；解疑答难、沉吟再三是风度，话题飞转、应对如流也是风度；轻声慢语、彬彬有礼是风度，慷慨陈词、英风豪气也是风度。每个人在培养自己的说话风度时，应根据自己的性格特征、情趣爱好、思维能力、知识结构等有所选择。另外，同样一个人，在不同的场合、不同的环境下，其说话的风度也是有所不同的。比如教师在课堂上讲课与在家里跟家人闲聊时，就会表现出两种相差甚远的风度。

　　说话的风度是人的一种自然特色，是与时代相吻合的。我们反对脱离时代追求风度；我们也反对脱离自己的个性、身份去讲究风度。任何东施效颦、搔首弄姿、没有个性的说话都毫无风度可言。

　　由上述言论我们应该看到，是风度决定了语言的高度和延续程度。跟一个完全没有风度的人说话，就正应了"话不投机半句多"的老话。所以，培养良好的谈吐风度对于每个人来说都很重要。

# 第五章
# 语言要素

## 礼貌要素：说话用礼貌用语

我们在日常交往中，一定要学会使用礼貌用语。别小看这些礼貌用语的作用，每个人听到这种有礼貌的话都会为之所动，都会报以友善的回应，否则别人对你不是置之不理，就是嗤之以鼻。

**见面时的礼貌用语**

二人见面说：你好；您好

回敬时说：你好；您好

初次见面说：久仰；久慕盛名

回敬时说：久仰

久别重逢见面说：久违；别来无恙

回敬时说：好久不见

**探望时的礼貌用语**

看望他人说：拜访；登门拜访

回敬时说：别客气

客人来到说：欢迎；请进；赏光；蓬荜生辉

回敬时说：打扰

招待远客：洗尘；接风

回敬时说：不必

望客亲临说：望移玉趾；屈尊；惠顾；光临；驾临；莅临；俯就；赏光

回敬时说：遵命；恭敬不如从命

陪同客人说：奉陪

回敬时说：不客气

请客人不要客气说：请便；自便；请随意

中途离去说：失陪

回敬时说：请便

客人归去说：承蒙款待；告辞

回敬时说：怠慢；招待不周；失敬

送客出门说：慢走；走好

回敬时说：留步

与客握别说：再见；有空多来

回敬时说：再见

**馈赠时的礼貌用语**

受人之赐说：谢谢；感谢；破费；费心；拜谢

回敬时说：不谢；不客气；应该的；笑纳；不成敬意；惠存

受人之恩说：雨露之恩

回敬时说：不敢当

谢人帮助说：有劳；劳驾；多谢

回敬时说：不谢；不客气；举手之劳

感谢救命之恩说：再造；再生父母；没齿不忘

回敬时说：应该做的；不敢当

感德难忘说：铭刻在心；刻骨铭心；永世难忘

回敬时说：不必；不必挂心

知恩必报说：结草衔环；来日必报

回敬时说：不敢当；不必

**赐教时的礼貌用语**

请人看稿说：阅示；阅批

回敬时说：拜读

请人改稿说：斧正；雅正；呈正

回敬时说：班门弄斧

请人评论说：指教；指点；指正；高见

回敬时说：互相学习；互相切磋；不敢当

请人指路说：请问；借问

回敬时说：请讲

请人解惑说：指导；赐教；指点迷津；候教；聆教

回敬时说：共商；商量

受人教导说：茅塞顿开；醍醐灌顶；受益匪浅；"听君一席话，胜读十年书"

回敬时说：过奖

受人益言说：药石；箴规

回敬时说：过奖

求人办事说：拜托；鼎助；借光；劳驾；麻烦；请多关照；请多费心；能者多劳

回敬时说：应该的；照办；不麻烦

向人提要求说：恳请；恳求；诚请

回敬时说：尽力；效劳

请人回信说：敬祈示复

回敬时说：遵嘱

请人寄信说：辱承华翰

回敬时说：过奖

请人原谅说：海涵；包涵；海量；抱歉；请勿见怪；对不起

回敬时说：好说；没关系

自提意见：浅见；肤见；管见

回敬时说：高见

代人做事说：代庖；自作主张

回敬时说：劳驾；费心

伴人受益说：借光；伴福；托福

回敬时说：没有没有；哪里哪里

谢人致问说：多蒙寄声；多谢关心；有劳费心

回敬时说：应该的

赞襄其事：玉成

回敬时说：办得不周

托人言事说：借重鼎言

回敬时说：过奖

**祝贺时的礼貌用语**

贺人荣归说：锦旋；凯旋；衣锦还乡；荣归故里

回敬时说：过奖

贺人中榜说：蟾宫折桂；金榜题名；榜上有名

回敬时说：多谢；侥幸

贺人生日说：初度之辰；福如东海，寿比南山；大寿；寿诞；华诞；芳辰

回敬时说：何劳挂齿；多谢

贺人年高说：齿德俱尊；德高望重

回敬时说：年老无用

贺人喜庆说：恭喜

回敬时说：同喜；谢谢

**询问时的礼貌用语**

询问姓名说：贵姓；尊姓大名

回敬时说：鄙姓×；免贵姓×

询问年龄说：贵庚；高寿；青春几何

询问籍贯说：府上；老家

询问职业和工作说：高就；供职

**尊称与谦称**

称对方：阁下；您；仁兄；贤弟

称自己：鄙人；在下；本人；愚兄；小弟

称对方父亲：令尊

称对方母亲：令堂

称对方兄弟：令兄；令弟

称对方姐妹：令姐；令妹

称对方儿子：令郎

称对方女儿：令爱

称自己父亲：家父；家严

称自己母亲：家母；家慈

称自己兄弟：家兄；家弟；舍弟

称自己儿子：小儿；犬儿

称自己女儿：小女

称自己丈夫：外子

称自己妻子：内人；内子；拙荆

称对方来信：惠书；大札

称自己的家：寒舍

**雅称**

胖：富态；丰满；丰腴；发福

瘦：苗条；纤细；清秀

高：高挑；颀长；高大

矮：小巧；短小精悍

生病：欠安；贵恙

死：仙逝；去世；辞世

# 知识要素：语言来自好气质

古人云："腹有诗书气自华。"俗话说："巧妇难为无米之炊。"这句话中的"米"，就是各种各样的知识。广博、严谨的知识结构是表达者妙语连珠、左右逢源的坚实底蕴，更是训练好口才需要具备的基本要素。培根在他的《论学问》中说："学问变化气质。"

当一个人在某些方面的经验和知识多于周围其他人时，他就对该方面的问题取得了发言权，并且在语言表达方面有充分的自信心。因此，只有具备多方面的知识，我们才能赢得更多的发言权，并能在与人交谈中占据主动。要求一个人什么都懂并不现实，但至少要在自己本专业知识和职业知识方面有足够的了解，尤其要多掌握一些文史哲方面的知识，这样，你就能出口成章、言之有物。

　　知识丰富会扩大一个人的想象力，而想象力会为思维和语言插上翅膀。要在语言表达中"飞"起来，就必须通过学习和实践长出这样的翅膀不可。"不要等待运气降临，应该努力去学习知识。"在现代商业活动中，好的企业家或者商人，都应该充分掌握产品或商品方面的知识，成为内行，甚至专家。唯有如此，你才能迅速而又准确无误地解答顾客的疑问，使你的产品或商品在顾客的心目中具有重要的价值，从而轻易做成一笔生意。

　　如果你想拥有出众的口才，就要像酿蜜的蜜蜂那样，终日在生活的百花园里采撷；要像淘金的老汉那样，在沙砾中筛出真金。中国历代的丰富语言宝库，五湖四海的优秀语言财富，鲜明生动的民间语言，精心雕琢的书面语汇，都是我们应开掘的"富矿"。

　　首先，可直接从生活中向人民群众学习语言。生活是语言最丰富的源泉，要使自己的语言丰富起来，就要从生活中汲取。老舍说："从生活中找语言，语言就有了根。"

　　学习语言要博采口语。俄国伟大的批判现实主义作家列夫·托尔斯泰称赞农民是语言的"大家"。语言的"天才"，的确存在于人民群众之中。比如我们讲话常用程度副词"很"字，如"很黑"。在人民群众的口语中，却用的是更精确、更形象、更简练的表达法："漆黑"。

　　学习语言还要多看，即勤于观察、体验，真正熟悉你的对象，掌握他的声调、声色等，而不是生搬硬套。

　　其次，要多读中外名著。"熟读唐诗三百首，不会做诗也会吟"的经验之谈，是大家所熟悉的。它告诉人们要提高口才技巧，就应多读名著。"穷书万卷常暗诵"，心领神会，自会产生强烈的兴味；体味语言的精微之处，就能唤起灵敏的感觉；熟悉名篇佳作的精彩妙笔，可以获得丰富的词汇，演说和讲话时优美的语言会不招自来。这件事并不是办不到的。只要潜心苦读，持之以恒，勤记善想，不断地应用，久而久之就可以像郭沫若所说的那样"于无法之中求得法，有法之后求其化"了。

　　最后，知识贫乏是造成语言贫乏，特别是词汇贫乏的一个重要原因。如果《水浒传》作者不懂得江湖勾当，不知开茶坊的拉线及趁火打劫的种种口诀，他就不可能绘声绘色地写出那个成了精的虔婆王干娘。这个例子生动地说明，掌握丰富的知识和学习语言是紧密地结合在一起的。

## 美感要素：让语言充满魅力

幽默是一种特性，一种引发喜悦、以愉快的方式娱人的特性；幽默感是一种能力，一种了解并表达幽默的语言能力；幽默力量是一种艺术，一种运用幽默和幽默感来增进你与他人的关系，并可对自己作真诚的评价的一种口才表达艺术。

现代人需要幽默，如同鱼需要水、树木需要阳光一样。具有幽默感和幽默力量，是现代人提升说话能力必不可少的素质之一。

获取幽默的途径很多，我们可以从以下几方面努力：

1. 用"趣味思维方式"捕捉生活中的喜剧因素

"趣味思维"是一种"错位思维"，不按照普通人的思路想，而是"岔"到有趣的一面去。演说家罗伯特是个光头，有人挪揄他总是出门忘了戴上帽子，他说："你们不知道光头的好处，我可是天下第一个知道下雨的人。"罗伯特并不为自己的"秃顶"苦恼，反而"美化"光头，他这是用"趣味思维方式"捕捉自己身上的"喜剧因素"。他的思维"错位"使他想到的同别人就是不一样。

2. 要在瞬息构思上下功夫，掌握必要技巧

幽默风趣是一种"快语艺术"，它突破惯性思维，遵循反常原则，想得快，说得快，触景即发，涉事成趣，出人意料之外，又在情理之中。比如，有位将军问一位战士："马克思是哪国人？"战士想了会儿说："法国人。"将军说："哦，马克思搬家了。"对于这常识性问题都答不出，将军当然不快，但这一"岔"，构成了幽默，其实也包含了对

战士的批评教育。

3. 要注意灵活运用修辞手法

极度的夸张、反常的妙喻、含蓄的反语，以及对比、拟人、移就、对偶……都能构成幽默。另外，用词的俏皮、句式的奇特也能构成幽默。表达时，特殊的语气、语调、语速，以及半遮半掩、浓淡相宜或者委婉圆浑、引而不发，甚至一个姿势、一个心照不宣的微笑，都能表达意味深长的幽默和风趣。

4. 注意搜集素材

我们的生活丰富多彩，提供了许多有趣的素材，这些素材无意识地进入我们记忆仓库的也很多，我们如果做个"有心人"，就会使自己的语言材料丰富起来。例如谚语、格言、趣闻、笑话等，我们可以提取、改装并加工利用，这样我们的语言就会增加许多趣味性的"调料"了。

# 迷人要素：说话迷人六要素

有些谈话者虽然在内容上不占优势，但有时他的说话方式会给人一种非常迷人、令人舒服的感觉。毕竟说话者有其本性，每一次对话会因为说话技巧的不同而有各种不同的回响、反应。那么，使对方愿意听我们说话且达到效果的迷人说话技巧，具体而言究竟是指什么呢？

1. 说话风格明快

大多数人不喜欢晦暗的事物，即使草木也需要阳光才能生长。同样，给人阴沉感的谈话，会让人有疑虑感、厌恶感及压迫感。

2. 拥有个性的声音

有的女人说话的声音能使人觉得是一种享受，她的优美嗓音实在是很动人的。她们谈话时，非常注意说话的声音，而选择说话的声音，完全依她们的天赋、个性、场合及她所要表达的情感而变化。有条件的话，你可自我充当对象。把自己的话录下来再仔细地听，你可能会吃惊地发现，自己说话竟有那么多毛病。这样经常检查，发音的技巧就会不断提高。

3. 语气肯定

每个人的自尊心都很强，很容易因为某些微不足道的事就感到自尊心受损。如此一来，会反射性地表现出拒绝的态度。所以要对方听你说话，首先得先倾听对方要表达些什么。所谓"说话语气肯定"并不是指肯定对方说话的内容，而是指留心对方容易受伤害的感受。

4. 语调自然而变化

自然的声音总是悦耳的，你要注意，交谈不是演话剧，无论你是什么样的语调，都应自然流畅，故意做作的声音只能事与愿违。当你交谈的对象不是一个人，而是许多人时，应采用以下的技巧：当前一个人声音很大时，你开始说话时就可以压低声音，做到低、小、稳。当前一个人音量小时，你的开始句就要略提高嗓门、清脆响亮，以引起大家注意。

5. 习惯用法

人类生存在当今的语言环境中，对于语言各自拥有其运用标准，一旦不符合其标准，就会产生不协调的感觉，其中包括语气与措辞。在人际关系中，应当根据实际情况或对方是谁而分别使用适当的语言。如果不分亲疏远近，一律以和同事谈话时的措辞来谈，那么对方将不会认真地听我们说话。

一句话若没有抑扬顿挫，则流于平淡，引不起对方的兴趣，若能添一些感叹词，则能增加彼此之间的谈话的气氛，但要适可而止，过多的感叹词，亦会抹杀了言语的重要性，使对方不能分辨你的意思。

6. 思路有条理

当前面的谈话争论不休，而且没有头绪时，你站出来讲话，就要力求词句简短，声音果断，显得有条理。

如在大众场合下选择发言的形式时，你的发言最好不要夹在中间，要么赶在前面，要么最后再讲，这样才能使人印象深刻。

# 第六章

## 口才逻辑

# 求同存异，力求突破

求同，是为了说服对方，对双方的矛盾和问题采取回避和保留的态度，尽量寻找双方的共同点，谋求一致，以便统一行动。

二次革命后，革命党内部军心涣散。为了激发士气，重整旗鼓，孙中山决定将革命党改组为"中华革命党"并制定了新的入党誓言。其中一句为"愿牺牲一己之生命自由权利，附从孙中山再举革命"的话，并要求入党人在誓言上加印手印，这一做法引起了党内部分人士的不满，以黄兴最为激烈。他认为，这些条件不合理，"前者不够平等，后者近似侮辱"。他批评孙中山"反对自己所提倡的平等自由主义，只是以人为治，效仿袁世凯的做法"，要求孙中山予以更改，矛盾一时难以调和。

于是，黄兴拒绝参加中华革命党。在中华革命党召开成立大会前夕，他作别孙中山，前往美国。临走时，他向孙中山表示："我不是存有私心和先生对立。"他保证："如果有机会，我会尽职尽责，保证与先生的革命目标保持一致。"

当时，有些政客曾企图拥黄兴为领袖另组新党，他严词拒绝："党有国民党，领袖只有孙中山，其他我一概不知。"事实正如他所说的那样，到美国后，他并没有独树一帜，或把孙中山与自己的分歧公之于众。他以孙中山为旗帜，致力反袁的大目标，再一次表现了黄兴不为成名立功的高风亮节。

当矛盾双方面临共同目标、共同利益、共同敌人时，就应求同存异，放弃前嫌，谋求一致，共同对敌。舌战中，求同辩论要求说服对手时，尽量找出双方的共同点，尽量避免或者保留彼此之间的分歧，不要在次要矛盾上纠缠不休。

求同，是谋求目标一致、利益一致、行动一致的方法，是顾全大局、共同对敌的方法。

求异思维与论辩犹如形与影一样，不可须臾分离。有论辩就必须要用到求异思维；没有求异思维，论辩也就无法得以开展。两个小孩斗嘴抬杠，一个说某样东西好，另一个偏偏列举出种种理由，说这种东西并不好，这是在不自觉地运用求异论辩。

正是由于在论辩中使用了求异思维，真理才得以越辩越清，人们才得以利用论辩的形式培养敏锐的思辨能力，练就一副伶牙俐齿。

1. 论题求异

出题时，必须切忌只考虑一方，而要考虑正反双方，要尽可能选择确有争议的，可以"求异"的论题。要让正反双方都有必需的理由和足够的资料，使双方都觉得己方有获胜的机会。

题目确定后，要运用求异思维多角度、多层次地对每个词语的含义进行辨析，务求词义准确清楚，不允许有含混不清的词语。否则，很可能将辩论引向词语的争辩，失去说话的意义。

2. 理论求异

世界上的事物往往是复杂的。它们不仅由多方面的因素促成，而且也往往会产生多方面的影响。求异思维之所以大有用武之地，其根源就在于此，其价值也恰恰来源于此。

辩论比赛本来就是一种锻炼思维能力和口才的游戏而已，辩论比赛中用求同存异思维巧妙立论的目的，是在于自圆其说，辩倒对方，因此是允许偏颇一点，不及其他的。辩论比赛之所以特别能提高思维能力和口才，也正是他的性质所"逼"出来的。

3. 论点求异

用求异思维去"强"词"夺"理。辩论比赛中运用求异思维，很重要的一条是，要在自己的辩论题的论点上去求异，寻找更多的论据，做出更有利的证明、更详尽的分析。千万不能转移论题，歪曲论点，要坚定地"咬定青山不放松"，"无理也要争三分"。不是粗暴的、蛮不讲理地去争，而是要从不同的角度找出各种理由去争。

在这里，求异思维应该是受到赞扬的。这样去辩论，就显得力度强、层次深，条条道路通主题。这比挤在一条道上跑到底，干巴巴地去论辩要精彩得多。

4. 论据求异

如在使用比较法时，可以运用求异思维。比较是一种认识事物的简便易行的方法，是论辩中经常使用的一种技巧。在立论时要把己方的立论与对方的立论相比较，看看长处与弱点各是什么，如果感到这样于己不利，就要重新立论；就己方来说，立论应设计多次，然后进行比较，去劣存优，找出最佳；论据也要丰富，通过比较，选择最佳。这其中都要用到逆向思维，否则思路不可能海阔天空，不拘一格，材料的宝库不可能四门大开，任你挑选。

需要指出的是，求同存异法并不能直接运用于借题发挥中，却可以帮助我们更快地找到发挥的"题"，因此对我们也是有益的。

## 因果正反，把话说透

事物之间的内在联系是错综复杂且相互支配、互相渗透着的。辩证法认为，任何事物的发展均遵循着一定的规律。但事物的发展变化是多种多样的。同样一件事，可以往好的方面发展，也可以往坏的方面发展。诡辩者（也称智者）最爱钻的就是这样的空子。

有人说，好口才的人最大的本领就是能够以事物的因果歧说来战胜对方，因此，无论在什么样的对象面前，他总是可以"三难不倒"者自居。

1. 因果歧说术

所谓因果歧说术，就是抓住事物与事物之间因果联系的可辩性作为突出的辩点，来否定或悖论对方某一个观点的一种说话技巧。

因果歧说术的主要表现方式是由同一种结果引申出相互对立的结论，将其运用到"借题发挥"中也能起到绝佳作用。

一天大清早，千户长挺着肚子、晃着脑袋来到阿凡提家里。阿凡提的狗看也没看他一眼，就溜进了窝。千户长自以为是地哈哈大笑，以为这下可以为难阿凡提了。

千户长："瞧，阿凡提，你家的狗多么怕我啊！我一来，他吠也不敢吠一声，就夹着尾巴躲到窝里去了！"

阿凡提："不，阁下。我的狗不是害怕你，而是讨厌你，所以，才懒得去吠哩！"

上例中，为什么狗不吠一声就溜进窝？同是一种结果却引申出了两种相互对立的结论。千户长得出的结论是狗怕他，阿凡提得出的结论却是狗讨厌他。两种结论互为因果悖论，但阿凡提的话更有哲理，当然力度更大，这就有力地讽刺了千户长的可恶、可憎，就连狗都懒得去"吠"他。

应该说，语言的灵活反应是因果歧说之根本。当你碰到一些爱钻牛角尖的人，如果缺乏这种语言反应能力，你很可能就要吃亏。因为钻牛角尖者的语言和思维往往是不按规律走的。其实，只要你掌握了辩论的因果歧说术，熟读一些名人精彩的范句，你就不至于因此窘迫了。

2. 正反术

正反术，是将两件以上的事物的性质、范围、作用等进行定量或定性的对比分析，从而取得胜利的方法。正反术，运用于语言场合是迅速摆脱困境、克敌制胜的好方法。

运用正反比较，可以比较同类事物，也可以比较异类事物；可以比较同一对象的不同方面，也可比较不同对象的同一方面；可以是纵向的比较、横向的比较、现状的比较、历史的比较，也可兼而得之。但不管哪种比较，都应该特别注意比较事物的强烈反差，形成鲜明的形象对比，这样才能取得良好的效果。

齐威王二十四年，魏惠王与齐威王一起在郊外打猎。

魏惠王带着几分夸耀的语气说："你们齐国可有什么奇珍异宝吗？我们魏国虽不算大，尚且有10枚直径一寸的宝珠，这些宝珠晶莹滑润、玲珑剔透，到了夜间，亮光闪闪，光华四射，能够把前后12辆车照得通亮，真是不可多得的稀世珍宝。贵国这样一个堂堂大国，怎么连件像样的国宝都没有？遗憾！遗憾！"

齐威王微微一笑说："我们所说的国宝与你们看重的国宝迥然不同。我有一个名叫檀子的大臣，现在镇守在南城，他恪尽职守、爱兵如子、夜不卸甲，使得强悍的楚国人不敢骚扰我国的南部边疆；我有一个名叫盼子的大臣，带兵在高唐驻防，他办事异常精细，防范特别严密，使得赵国人不敢在我国的河流里撒网捕鱼，为国家赢得了一大笔渔业收入；我有一个名叫黔夫的大臣，被派去治理徐州，他文武并用，恩威并施，使得燕国、赵国的老百姓自愿迁移过来的多达7000余户；我还有一个名叫种首的大臣，负责维护秩序，缉拿盗贼，他向各地发布告示，晓以利害，让老百姓群起监督，结果歹徒绝迹，盗贼自首，形成了夜不闭户、路不拾遗的太平局面。要讲国宝，以上4位出类拔萃的贤才，就是我国的国宝。他们的思想和业绩所反射的光辉，连千里之外的地方都照耀到了，哪里是那些仅仅可以照亮12辆车子的宝珠所能比的。"

魏惠王一听，脸羞得通红。

齐威王将自己的"国宝"与魏惠王的国宝做了一番比较，对方只能照亮12辆车子，而他的可以照耀到千里以外，使得天下太平。能将这两种具有极大反差的"国宝"放在一起，孰优孰劣，一目了然。

如对方用正反比较进行诡辩，要反驳这种诡辩，就必须注意对方的材料是否真实、标准是否合理、分析是否全面等。

## 逻辑比较，反驳对方

1. 对比法

对比法是把话题与相关问题进行比较，并以之为据进行辩驳的方法。比较的过程就是发挥的过程，它不仅具有反驳的特殊功效，同时也是一种有效的证明手段。

1933 年 9 月，国民党以"危害民国"的罪名逮捕了陈独秀。1934 年 3 月，苏州高级法院开庭审理，章士钊大律师自愿担任陈独秀的辩护人。审判引起社会各界的普遍关注。开庭那天，审判庭座无虚席，当检察官指控陈独秀宣扬共产主义、危害民国等"罪状"后，章士钊先生开始了他的辩护：

"本法庭高悬孙总理遗像，国人奉为国父；其所著之三民主义，党人奉为宝典。孙总理有云：民生主义即共产主义。为何孙总理宣传共产主义被奉为国父，而陈独秀宣传共产主义即危害民国？于理于法能服人乎？"

章士钊此语一出，检察官顿时噤若寒蝉。章士钊的方法就是将两个相似的对象同异之处加以对照，使人们能够更加明确地认识体会其相同之处——同为宣传共产主义，区别其差异之处：一个有功，一个有罪，从而使自己的观点更加鲜明，更具有攻击力。

再如，有这样一段话，其含义也是非常深刻的：假如一位银行家写了一首糟糕透顶的诗，有人会赞美他，但是一位诗人要是写了一张假支票，后果将是什么呢？

运用对比进行辩驳，应当注意的问题是，两个对象之间必须具备可比性，具有本质上的相同因素，同时，将两个对象进行多方面的比较发挥，这样说理才能有说服力。

2. 类比法

类比是逻辑方法的运用。它是根据两个对象之间具有某些相同或相似的属性，从而推出它们的其他属性也相同或相似的方法。如果能因势利导，针对对方的话题或本方的观点，做出富有创造性的生动形象的类比，可以使对方心悦诚服，使己方处于主动地位，取得意想不到的效果。

在一次大专辩论赛上，正反双方代表针对"发展旅游业，利弊孰大"展开激烈辩论。

正方认为，发展旅游业一方面可以吸引外资，为国家经济发展奠定长远基础；另一方面，人员流动有利于各个国家和地区的文化交流，有利于增进人民之间的了解，所以发展旅游业利大于弊。

反方认为，发展旅游业利大于弊这个结论是有条件的，他们提出："旅游业受世界经济整体形势影响太大，可以说世界经济咳两声，旅游业就会感冒甚至是肺炎，现在旅游业不景气是事实；旅游业繁荣需要世界经济拉动，但可惜的是世界经济这个发动机也出了故障，动力不足。"

反方发言有两个类比：一是世界经济与旅游业是咳嗽与感冒的关系；二是世界经济与旅游业是发动机与机器的关系。世界经济咳嗽，旅游业就感冒，世界经济出故障，旅游业就无法工作，从而说明了发展旅游业利大于弊是有条件的结论。

我们在使用类比推论这种方法时应注意的问题是：

（1）类比推论在谈话中并不是一种战略性的方法，而只是一种战术技巧。如果一味地使用这种方法，则会影响整个谈话的效果，运用时应恰到好处。

（2）进行类比推论时，须注意把握两个对象之间的关系，其联系程度越紧密越好，两个对象之间的属性关系越贴近越好，这样才能使观点富有论证性和增强说服力。

（3）不能以对象表面上某些相同或相似的情况作为推论的依据，否则会出现"机械类比"的错误，使得自己的观点缺乏力度，给对方提供把柄，从而造成失利。

3. 借比法

借比法，就是将两个相对或相反的事物或事例并举出来，造成一种强烈的反差，使真的、善的、美的显得更真、更善、更美，而使假的、恶的、丑的显得更假、更恶、更丑。

运用借比法取胜的关键就在于显示所比较事物的强烈反差，造成鲜明的形象对立，使悖谬昭然若揭。

莎士比亚的巨著《哈姆雷特》中有一段哈姆雷特与霍拉修的对白：

霍拉修："殿下，我是来参加您的父王的葬礼的。"

哈姆雷特："请你不要取笑，我的同学！我想你是来参加我的母后的婚礼的。"

霍拉修："真的，殿下，这两件事相距得太近了。"

哈姆雷特："这是一举两得的方法，霍拉修！葬礼中剩下的残羹冷炙，正好宴请婚礼上的宾客。"

（哈姆雷特的父亲是丹麦国王，他的叔父谋杀了他的父亲，夺了王位，又向他的母亲献媚，娶了她的母亲。这些故事都发生在短短的四个月之内。）

"葬礼中剩下的残羹冷炙，正好宴请婚礼上的宾客。"这一句尖锐的借比，强烈地表现了他的叔父的恶毒和他对母亲的不满，形象鲜明，可谓极尽莎翁运用借比揭谬之能事。

现实生活中，往往有自命不凡的人，讲起话来信口开河、妄自尊大。面对这种人，你不妨让他把话说完，最后抓住他扬扬得意中露出的似是而非的反逻辑谬点，类比揭谬以迎头痛击，令对方顿失招架之力，落荒而逃。

## 逻辑严密，环环相扣

逻辑方法要求我们具有缜密的逻辑思维能力，能根据一切有关的参考材料，使所有正面的、反面的论证形成一个整体，尤其不要忽略一些重要的但又是细微的细节。

爱尔兰哲学家伊里杰纳任法国宫廷学校校长时，查理二世时常同他开玩笑。某次查理二世与伊里杰纳共进午餐，两人频频举杯。查理二世突然问他："一个爱尔兰人和一个酒鬼有何区别？"

查理二世的问话是双关语，因为伊里杰纳是爱尔兰人，爱尔兰人的发音是Scot，而酒鬼的发音是Sot，这很相近。查理二世的意思是指伊里杰纳是酒鬼。

伊里杰纳机智地回答说："一张桌子。"意思是说桌子这边是爱尔兰人，那边是酒鬼，反而把查理二世奚落了一顿。

伊里杰纳用严密的逻辑，将"酒鬼"的称号还给了查理二世。在伊里杰纳不否认自己是爱尔兰人，就得承认是酒鬼的前提下，唯一被对方所忽略的条件就是当时的情景，伊里杰纳就抓住了这一情景，从而还击了查理二世。

逻辑方法要求我们能够全面地考虑问题，并力求在谈话过程中没有漏洞让人捕捉，这样就能使自己立于不败之地；反之，若被对手抓住漏洞，那就毫无办法了。

要想在言语交锋中百战百胜，就必须层次鲜明、条理清楚、思维严密、逻辑严谨，这样才可以稳扎稳打。

据冯梦龙的《智囊》记载：宋仁宗庆历年间，国子监直讲石介作《庆历圣德诗》，褒贬十分严厉，尤其是对枢密使夏竦批评斥责非常苛刻。

不久，石介受朋友株连而遭祸，被判罪，罢官回乡，不久就死去了。当时恰好山东举子孔直温谋反，有人说孔直温曾拜石介为师。于是夏竦就宣扬说石介其实并没有死，往北逃到契丹那里去了。

宋仁宗于是下诏将石介的儿子拘置在江淮，由地方官加以管制，不得自由行动。又派中使和京东转运使打开石介的棺材检验虚实。

当时吕夷简正任京东转运使，就对中使说："如果棺材是空的，石介真是逃到契丹去了，那就将他的子孙全部杀掉也不算残酷。万一石介真的死了，朝廷无缘无故打开人家的坟墓，是不能以此示范后人的。"

中使说："那又如何回复朝廷的圣旨呢？"

吕夷简说："石介死了，必然有负责验尸装棺之人，加之内亲外戚，以及参加葬礼的学生，不止数百人；至于抬灵柩埋棺材，必然雇用葬仪社的人。现在发公文命令他们全都来受审，假如没有不同的说法，就命令他们都立下军令状，官府出具保证书加以证明，也就足以回复圣旨了。"

中使便按他说的去办了。

宋仁宗看到奏报，也醒悟是夏竦在诬告，旋即下旨把石介的妻子和儿子都释放了。

从整个事情来看，是有前因后果的。石介作《庆历圣德诗》时，"褒贬十分严厉，尤其是对枢密使夏竦批评斥责非常苛刻"，是因，"于是夏竦就宣扬说石介其实并没有死，往北逃到契丹那里去了"则是果。但同样的"因"，并没有出现同样的"果"，正是石介的诗，吕夷简也被罢相，但吕夷简不念私仇，顾念国家大体，为石介昭雪。由此可见，吕夷简不仅有宽宏的气量，而且有过人的见识：在开与不开石介的棺上，做出了无人与有人——亦即投敌与未投敌的辩证分析，此行此举，确能"示范后人"。

以上的分析，既有辩证分析，也有因果分析。

从分析的方式来说，有方面分析、阶段分析、层次分析；从分析的方法来说，有特征分析、条件分析、因果分析、辩证分析、比较分析、趋势分析、系统分析、综合分析，等等。

我们着重讲辩证分析，是从建构逻辑框架、严守逻辑方阵、如何获胜的角度来考虑的。

重要的是要灵活而巧妙地将逻辑关系应用到语言中，而这些是建立在严密的全面地思索的基础上的。体系严密，攻守自如，环环相扣，自然会达到事半功倍的效果。

## 谬误法则，绕晕对手

所谓谬误法则，就是以看似不合常理的表达方式，来处理各种突发事件，为自己解围，或讽刺他人。主要有以下 4 种方法：

1. 兑现斥谬法

兑现斥谬法就是以绝妙的语言"威逼"对方依其自己的谬误自行现身，然后抓住对方的谬误不放并加以"发挥"，狠狠地反击对方使其无处逃身。这种办法通常用于对付那种善于哗众取宠，而其言语又具有一定的煽动性或欺骗性的对手。他们惯常以貌似有理实则无理的逻辑来蛊惑听众。面对这类对手，逼其自行现身令其当场出丑，无疑是一种妙招。请看下例：

有一个自以为是的青年向别人卖弄他的新观点——一切都是幻觉。有一回，他聚集了几个人，一本正经地"兜售"自己的"说教"。言语中，左一个幻觉，右一个幻觉，甚至居然说"所有人在所有的事实面前都是幻觉"。听的人有的摇头，有的半信半疑。旁边有两个人耳语了一番，其中一个人跑了出去，不一会儿又跑了回来，对那个青年说：

"快！你的电话！你的妻子被车撞了，现在已送到医院去抢救了！"

那青年一听脸色顿时煞白，慌忙站起来就要往外跑。

另一个人却一把拉住他："急什么？你妻子被车撞不过是幻觉罢了！"

那青年气急败坏地直跺脚："出了这么大的事，你还开什么玩笑？"

制造假消息的那个人接着说："别着急，确实是跟你开玩笑。不过你是被幻觉吓着了吧？"旁边的人听了，全都心领神会地哈哈大笑，而那青年被人出了"洋相"，又气又恼，却无言以对。

这个玩笑开得虽然有些过分，但不难看出两个开玩笑的人正是针对那个青年对"幻觉"的荒谬观点，用兑现斥谬法来驳斥那个青年的谬论。兑现斥谬法之所以有强大的逻辑力量，能有效地驳斥谬论，就在于这种方法是以客观事实为武器，使对方在现场现出原形，而一旦现出原形，任何貌似正确的谬论的错误本质也就昭然若揭了。

2. 借谬得利法

借谬得利法在逻辑上有些类似钻空子。即利用别人倚仗某种势力或权力而制定的不合理规定或所说的失误的话予以断章取义或别解，然后对其中仅有利于己方利益的部分进行发挥。借谬得利法从理论上讲，似乎比兑现斥谬法更近乎歪门邪道，但在实际运用中，很难说得上究竟谁对谁错。

某单位欲招聘有特长的员工，但是招聘好几次都没有找到比较合适的，这一次发布的招聘广告上特意加上了一句：有特长方可应聘。这一次前来应聘的又有几十人。

这时一个青年来到面试的地方向主考官递交简历，简历上赫然写着："专长——说谎大师，造谣能手。"主考官觉得可笑，就对他说："那你现在就给我表现一下好了。"青年走出门外，对在外排队应聘的人们说："大家都不要等了，这里唯一的招聘名额已经确定是我了。"

这个青年的这话实在绝妙，也令所有在场的人包括主考官在内大吃一惊。谁错了？谁都错了。谁没错？谁都没错。

3. 归谬制人法

归谬制人法就是先假定对方的话是真的，然后以此为前提进行推论，将它推向极端，推出明显的荒谬结论使对方难堪的一种方法。

古时候有个富人死了，其妻同管家商量，要用活奴给他陪葬。富人之弟是个有识之士，反对这样做。他嫂子坚持道："你哥哥死了，但地府无人侍奉，我们决定用活奴陪葬，谁阻拦都不行。"其弟便改口道："还是嫂子和管家思虑周全，用心良苦，可见嫂子同兄长夫妻情深，管家对主人忠心不二。既然要用活人陪葬，让别人去服侍兄长，我们不放心，倒不如嫂子和管家去陪葬，兄长定然会非常满意的。"其嫂和管家哪愿意去死，只好将活人陪葬一事作罢。

归谬制人法的运用，要注意相同性质的谬论的可比性，若将两件不相干的事情扯在一起，便收不到以谬制人的效果。

4. 谬上加谬

谬上加谬法是把一种荒谬极端化或者把荒谬性层层演进的说话技巧。它要求不但有幽默感，还要使幽默感的程度加大。这就要求说话高手把微妙的荒谬性扩大为显著的荒谬性，把潜在的荒谬性提高为一目了然的荒谬性，可以说这种方法给我们运用发挥的余地很大。

我国古代有个笑话十分精彩：

一个人非常吝啬，从来不请客，有一次别人问他的仆人他什么时候会请客，仆人说："要我家主人请客，你非等来世不可。"主人在里面听见了，骂道："谁要你许他日子。"

本来说"来世请客"，已经由于来世的不存在而不可能了，也可以说彻底否定了，说的人和听的人都很清楚，没有任何疑问。从传达思想来说这种极端已经足够了，但从构成幽默效果来说，还不够，因为它太平淡了，不够极端，而幽默感所要求的荒谬，得有点儿绝才行。

故事里这个主人绝就绝在，明明"来世请客"是永远不请客的意思，他却认为不够，因为从形式上来说，"来世请客"这个句子是肯定的，还没有达到从内容到形式都否定的程度。在他看来，哪怕是否定请客的可能性，只要在字面上有肯定的样子也都是不可容忍的。正是这种绝对的荒谬产生了幽默感。

有一个古罗马时期传下来的故事是这样的：

有一个人想要安安静静地工作，就吩咐仆人，如有来访者就说他不在家。这时有一个朋友来了，远远看到他在家中，虽然这个朋友不相信仆人说的话，但仍然回去了。

第二天，这个拒绝访客的人反过来去拜访他那位朋友，他的朋友出来对他说："我不在家！我不在家！"

这个人表示不解，他的朋友说：

"你这人太过分了，昨天，我都相信了你的仆人的话，而今天，你居然连我亲口说的话也怀疑。"

这个回答真叫绝了。

绝就绝在一句话中包含着多层次的荒谬。第一个层次，明明在，却说不在；第二个层次，你昨天明明在，却让仆人说不在，这成了我今日说不在的前提；第三个层次，我明明知道你仆人说谎却相信了，今天我亲口说谎你不应该怀疑，因为我比你的仆人的地位更高。

像这样将多种荒谬集中在一个焦点上，成为复合的荒谬，我们把它叫作谬上加谬。

谬上加谬的特点是不管有多少种可能性，它只管往荒谬的结果上推演，歪理歪推，效果才会更明显。

## 顿歇技法，推进情感

顿歇，绝不是思想表达的终止，而是力量的积蓄。停顿是为了更好地连接和贯通。

为了突出某一事物，强调特殊含义，可以运用语法停顿、逻辑停顿、感情停顿等方法变化停顿时间。一般在被突出的事物、感情前后进行。我们看看富兰克林的演讲《制造国旗的人们》的最后两句：

她振奋明亮、果敢光辉，信仰坚定，因为那是你们用心做成的。你们是国旗的制造者，所以你们应当为制造国旗而感到无上光荣。

这里在"因为"和"所以"后做较长的停顿，然后把声音明亮畅快地送出去。

运用停顿可以产生一种骤然紧张的气氛，停顿以后，听众绷紧的心弦也会突然放开，能让听众得到一种快感，并彻悟到演讲的内容和感情。这里的"顿"是短暂的歇息，是整体之中的一个过程。这个过程是对听众的引领，是使听众进入演讲情绪场的诱导，听众会拿上你交给他们的这把钥匙去开启演讲情感的大门从而去领略演讲的风采。

俄国政治家、社会活动家普列汉诺夫在日内瓦做《无产阶级与农民》的演讲时，台下一些无政府主义者企图破坏，不时吹出口哨声，其他听众也受到影响，面对这些破坏者，普列汉诺夫运用顿歇技巧："如果我们也想用这种武器，同你们斗争的话，我们来时就会……我们来时就会带着冷若冰霜的美女。"

把强烈愤怒的感情蓄积在停顿处，然后再爆发出来，怒指那一小撮人，收到了奇妙的控场效果。强调的是，停顿的时间要适可而止。如果太短，紧张的气氛难以形成，高潮难以产生；如果太长听众会琢磨到你顿歇的原因，从而能理解到你停顿后高潮的意义，削弱了顿歇的效果。

下列一些场合可运用顿歇手法：

（1）上台站定演讲之前与演讲完了下台之前。此时可做较长时间的停顿，且停顿时要配合态势进行。

（2）赞叹、悲伤、惊讶、愤怒之时，如"你太不像话了"之前停顿。

（3）反问、设问之后。

（4）举例、述说另一整体内容之前。

（5）段落之间。

（6）当你的演讲受到干扰或得到赞美时。尤其是由于你精彩的演讲，听众对你报以热烈的掌声，你一定要停下来，微笑着向着听众。如果听众的掌声是建立在你严肃的幽默之上，你也可以"严肃"地看着听众。

# 第七章
## 修辞技巧

## 比喻运用技巧

比喻是用某个有类似点的事物来比拟想要说的某一事物，以便表达得更加鲜明生动；打比方一般是拿具体的、浅显的、熟知的事物来说明或描述抽象的、深奥的、生疏的事物。无论是何种场合，如果想借题发挥的话，比喻绝对是个好方法，因为比喻有本体和喻体两种，我们可以借喻体发挥本体，如此一来效果绝对很好。

《说苑》中有这样一个生动的故事：

有人对梁惠王说："惠子这个人说话善于打比喻。假如大王您不让他打比喻，那么惠子便没法说话了。"

于是梁惠王对惠子说："希望您今后发言时不要打比喻了。"

惠子回答说："假如有个人不知道'弹'为何物，您告诉他'弹就是弹'，他能明白吗？"

梁惠王说："当然不能明白。"

惠子接着说："如果您改换一种说法，告诉他'弹的样子像弓，是用竹子作为弓弦'那么，他能明白吗？"

梁惠王说："当然明白了。"

惠子说："我要把我知道的事物，告诉不知道这事物的人们，您说不打比喻行吗？"

梁惠王说："您说得太好了，不打比喻是不行的。"

这个故事的有趣之处在于，梁惠王本来是不许惠子再打比喻的，可惠子又恰恰打了一个比喻，说得梁惠王心服口服，惠子真是一个"善喻"的能手。

惠子在这个故事中，指出了比喻的重要作用——"把我知道的事物，告诉不知道这个事物的人们"。也就是"以熟喻生"，达到"化生为熟"的目的，在我们的日常说话中，常常需要论述一些道理，这些道理如果配以贴切的比喻，就会容易让人理解和接受。

春秋时期的大教育家孔子，有个弟子叫子路。子路开始不大重视学习，孔子很想改变子路的这个缺点。

有一天，孔子对子路说："你有什么爱好？"

子路答："爱好长剑。"

孔子说："我不是问你这个，我是问你学习怎么样？"

子路毫不在乎地反问："学习也有好处吗？"

孔子说："一个国君，如果周围没有敢于劝谏的正直之臣，他在政策上就要失误；一个君子，如果没有能够给予他教益的朋友，他在品德上就会有失检点。驾驭烈性的马，不能放下手中的鞭子，操纵弓箭，绝不能离开矫正弓箭的工具。木头经过墨绳的规则加工，就能变直。人们经常听取别人的不同意见，就能变得非凡。如果你肯于学习，就能顺利成长。要想成为一个君子，不能不学习。"

子路虽然觉得老师讲得句句在理，但仍有点疑惑不解，也就打了一个比喻反问："南山上的竹子，不经加工自然直，砍伐下来做成箭，能够穿透犀牛皮做成的盔甲。这样看来，又何须学习？"

孔子借用子路的比喻，进一步开导他："话可不能这么说啊。用竹子削成的箭，虽说也能射穿物体，但不会是很锋利的。如果削去箭尾，插上羽毛，再装上箭头，就会射得更远。如果把箭头再在磨刀石上加以磨砺，箭射入得不是会更深吗？"

这一番形象生动的教诲，终于打动了子路。他赶紧拜谢道："我一定牢记您的教诲。"

本来是比较枯燥的大道理，直接说给子路听，也许他会接受也许会被拒绝，孔子将道理蕴含到一系列贴切浅显的比喻中，一下子就深深抓住了子路的心，使他欣然接受。

比喻贵在抓住事物的特征，古人历来十分注意进行这方面的训练。《世说新语》中记载了这样一个故事：

东晋政治家谢安在一个下雪的日子里，把家里的子侄们聚集在一起，同他们谈论做文章的规律。不一会儿，雪下大了，谢安兴致勃勃地说："这纷纷扬扬的雪花像什么呢?"

侄子谢朗回答道："在空中撒盐大概可以比拟吧。"

侄女谢道韫答道："不如用柳絮随风飘舞来比拟。"

谢朗把天上下雪比作"撒盐",而谢道韫则把下雪比作飘起柳絮。虽然两者在颜色上都贴切,但后者显然更高明,因为后者道出了雪花的轻柔飘飞。

比喻不仅应用于日常的说服中,而且在辩论等比较激烈的场合也广泛应用。

在交谈中,遇到棘手的质问或难于正面回答的提问,就可以用比喻巧辩法。适当地采用巧妙的比喻既能生动形象地说明观点,又能显示本人的幽默口才,较好地调节气氛。

用此法必须注意比喻的贴切性、易懂性、巧妙性,以及表意的准确性,才能使对方无话可说。

用比喻这种修辞格时,既可以从正面设喻,说本体是什么,像什么;也可以反面设喻,指出本体不是什么,不像什么。这就是我们平常所说的反喻。反喻的喻体大都是和本体相悖的。运用反喻的目的当然是为了更深刻地说明问题。

# 反问运用技巧

反问就是用疑问的形式表达某种确定的意思,只问不答,因为答案很明显不需要回答。它能够把确定的意思表达得更鲜明、更强烈。

反诘进攻,往往能比正面提问更有力量,更能表达爱憎之情,更具有强烈的批判和讽刺的作用。很多时候,还可以用反诘转守为攻,造成心理上的优势和咄咄逼人的气势,置对方于被动的地位。

反诘进攻的具体表现形式很多,下面从不同角度介绍几种。

1. 肯定式反诘

在一次亚洲大专学生辩论会决赛中，正方发言中有这样一段话："如果发展旅游业是弊多于利的话，那么，为什么许多国家和地区，包括参加这次辩论赛的新加坡及中国内地、香港、澳门等地区都在发展旅游业呢？难道这些国家和地区那么多的领导人都是愚不可及的吗？"最后一句话就是反问，肯定了正方"发展旅游业是利大于弊"的观点。

2. 否定式反诘

否定式反诘即用反问的形式，否定对方的观点。

史密斯是英国律师和保守派政治家，从1915年起到1919年，担任代理监察长，后升为大法官。

在担任代理监察长期间，史密斯惹怒了伦敦一个俱乐部的会员们，因为他不是该俱乐部的成员，却经常在去议会的途中停下来使用俱乐部的卫生设备。这使得对他没有好感的会员们十分不快，他们要求管理人员制止这种"掠夺"。

一天，史密斯又若无其事地走进了该俱乐部的卫生间，马上跟进来一位侍者。他提醒史密斯注意本俱乐部有只对内部会员开放的规定。

史密斯随口说道："厕所也是俱乐部吗？"

"厕所也是俱乐部吗？"谁想过这样的问题？但是史密斯想到了，从而不仅制造了幽默，也回击了侍者的责难。

刚才是从内容上进行的分类，我们还可以从方式上将其分为步步逼问式和诱发反问式。

3. 步步逼问式

步步逼问式不仅要求能说，而且要求会听，能够抓住机会提出各种问题向对手进行连环式反击，令对方无招架之力而步步败退，从而一举赢得胜利。

东汉思想家王充敢于宣传无神论，批判鬼神迷信，是一位有胆有识的唯物论者。那时候，很多人都相信，人死后灵魂会变成鬼，还有人说自己真的见过鬼，说鬼的样子和穿戴跟人活着的时候一模一样。王充一下子就抓住了他们的破绽，反诘道："你们说一个人死了，他的灵魂就能变成鬼，难道他穿的衣服也有灵魂，也变成了鬼吗？按照你们的说法，衣服是没有精神的，不会变成鬼。如果真的看见了鬼，那它该是赤身裸体、一丝不挂才对，怎么还穿着衣服呢？"他的这番话把对方驳得张口结舌。

王充接着风趣地说："从古到今，不知几千年了。死去的人，比现在活着的人不知多多少，如果人死了就变成鬼，那现在路上将到处都是鬼。可是，有几个人见过鬼呢？那些见过鬼的人，也只说看见了一两个，他们的说法是自相矛盾的。"

有人辩解说："哪有死了都变成鬼的，只有死的时候心里有怨气，精神没散掉，才能变成鬼。古书上不是记载过，'春秋时期，吴王夫差把伍子胥放在锅里煮，又扔到江里。伍子胥含冤而死，心里有怨气变成了鬼，所以年年秋天掀起潮水，发泄他的愤怒，可厉害了'。怎么能说没有鬼呢？"

王充说："伍子胥的仇人是吴王夫差。吴国早就灭亡了，吴王夫差也早就死了，伍子胥还跟谁做冤家、生谁的气呢？伍子胥如果真的变成了鬼，有掀起大潮的力量，那么他在大锅里的时候，为什么不把掀起大潮的劲使出来，把那一锅滚水泼在吴王夫差身上呢？"

王充的反诘驳得对方哑口无言。

4. 诱发反问式

诱发反问式是有意识地通过提问来使对方落入自己设计的圈套，从而迫使对方承认或否认某种言行，达到己方目的。请看下面的一个例子：

刘先生是一位大学教授，一天他回家，路上遇到一个小青年，非要和他谈心不可。刘教授抬头看看眼前的青年，留着小分头，上身红色衬衫，下穿牛仔裤，胸前却挂着一个耶稣受难的十字架。一看这身装束，刘先生便知道眼前这个青年的思想状况，于是刘教授便开始了一连串的诱发式反问。下面是他们的对话：

刘："你为什么要戴十字架呢？"

青年："我看着好看，挺好玩的，就买了一个戴上了。"

刘："你戴上后，你会祈祷吗？你懂弥撒仪式吗？"

青年："我知道，就是'主'啊，'阿门'啊什么的。"

刘："不对。"（背了一段祈祷词，讲解了弥撒的仪式）又说，"你读过《圣经》吗？你知道《圣经》都写了什么吗？"

青年："没有，不知道。"

刘教授耐心地向他解释了《圣经》的主要内容，然后话题一转说道："打个比方，有个女孩非常漂亮，相貌好，身材好，还有一身白皙的皮肤，看上去非常美，可是有一天你发现她心如蛇蝎、坑蒙拐骗，这时候你还认为她美吗？"

青年："内心与外表不和谐，当然不美。"

刘："有这样一个传道士，外表非常肃穆，内心对耶稣也很真诚，胸前挂着十字架，你认为他美吗？"

青年："内外和谐，当然美了。"

刘："阁下既不懂《圣经》又不是教徒，胸前却挂有一个十字架，难道你会认为这样很美吗？"

青年哑口无言。

有时为肯定自己的观点，诱导性地提问，让对方紧紧围绕自己的论题思考，再以反问的形式肯定自己的观点，也可以迫使对方不得不接受。

## 比拟运用技巧

比拟是把物拟作人或把人拟作物的一种修辞方法。使用比拟可以使事物色彩鲜明、表意丰富，应用到说话中，可以起到幽默讽刺的效果。

1. 比拟的分类

（1）形象物拟人式

形象物拟人式就是把物比作人。即为了论点的需要，选用较形象的物体，将其赋予人的动作、行为或思想感情。在说话中恰当地运用以物拟人的方式，可以表现出强烈的爱憎感情，取得幽默的效果。

一次，意大利诗人但丁出席威尼斯执政官举行的宴会。席间，听差们捧给意大利各城邦使节的是一条条肥大的煎鱼，而给但丁的是几条很小的鱼。

面对这种公然的歧视行为，但丁深为气愤，但没有因此而发作。他若有所思后，用手把盘里的小鱼逐条拿起，靠近耳朵，然后又一一放回盘中，循环往复多次。执政官见状，甚感莫名其妙，便走上前来和他搭话。

执政官："先生，您好像是听鱼说话？"

但丁："几年前，我的一位挚友在海上旅行时不幸逝世，举行了海葬。从那以后，我一直不知道他的遗体是否已安然葬入海底。因此，我就挨个儿问这些小鱼，也许它们多少知道一些情况。"

执政官："那么，它们对你都说了些什么呢？"

但丁："它们对我说，它们都很幼小，对过去的事情了解很少，不过，如果我向同桌的大鱼们打听一下，肯定会了解到想要知道的情况。"

这位执政官听了但丁的话，很快明白了他的言外之意，连忙向但丁道歉并命令马上端上来一条又肥又大的煎鱼。

（2）形象人拟物式

形象人拟物式实质上就是物拟人的翻版，亦即将原来有生命、有人性的类拟成无生命、无人性的。形象人拟物平常很少被人使用，即使在针锋相对时，能找到以人拟物者也是凤毛麟角。不过，人拟物确实不失为一种很具风趣意味的修辞，能起到很好的渲染效果。尤其是在驳论中，可以达到一语而制敌的效果。

大李和小张在同一单位工作。一天，他们在谈论同事老王。

大李："老王挺老实的，比较可靠，比起那些高不成、低不就，见异思迁的人要好得多。"

小张："好个屁！整天像个木头桩子，和他在一起好像全世界的生物都灭绝了似的。"

在这段对话中，小张就用了形象的比拟手法，将那位同事的"老实"与"木头"联系到一块，尖酸幽默地表达了自己的看法。

（3）形象物物相拟式

形象比拟还有一种方法，就是物物相拟式。这种方法通常也叫类比。在说话交谈中，物与物的类比经常被人使用，由此物比及彼物。用形象的类比取代抽象的说理，寓意深远，能让人产生联想，同样也可以将对手逼入困境。

形象比拟离不开幽默。幽默感的物物相拟，可以调节气氛，同时又能使对手因此而气馁并失去战斗力。在不同场合中巧妙地运用比拟法，可以鲜明地表达说话者的观点和立场，使交谈有一种令人荡气回肠的感觉。

2．比拟应用

比拟的妙用，往往在人们轻松的掌声、愉快的笑声中显示出其难以匹敌的魅力。用这种方法不但可以起到良好的雄辩效果，同时也大大增强了说话者的信心。

运用比拟法进行辩论应注意如下3个要点：

第一，拟物与被拟物之间要有相关的逻辑联系，这样才能让听者由此产生联想。

第二，要注意适度，不能出格，以免造成人身攻击的不良后果。

第三，要紧扣说话的目的，不要只凭想当然去刻意渲染气氛或卖弄自己的幽默。

一个很虔诚的基督徒到非洲丛林探险，不幸掉队迷失在丛林中，接着更悲惨的事发生了。

一只狮子发现了他，便开始追杀他。他没命地跑啊跑啊，终于逃到一棵树上，可是狮子也不愿放弃，在树下等。

天黑了，他又渴又饿，于是他开始向上帝祷告："上帝啊，请您让这只嗜血的狮子变成基督徒吧。"

话刚说完，树下的狮子也说话了："亲爱的上帝，谢谢您赐给我丰盛的晚餐！"

狮子开口向上帝祷告，这是典型的拟人手法。

　　狮子很机智，口中的食物向上帝祈祷请求躲过杀身之祸，它为了不得罪上帝，也向上帝祷告，感谢上帝赐给它食物。到了最后，即使狮子真的吃了那个人，上帝也无法怪罪了。

　　美国总统杰拉尔德·R.福特，说话非常幽默。有一次，一名记者向他提问，请他自我评价一下，他风趣地说："我是一辆福特，不是林肯。"

　　林肯是非常高级的名牌汽车，而福特则是早已大众化的普通汽车，福特用汽车巧妙比拟自己，一方面是表示谦虚，一方面是为了标榜自己是深受大众喜爱的总统。

　　比拟幽默法不仅可以给人带来愉悦，而且可以用来下逐客令。

　　主人请客人在家里吃饭。客人酒足饭饱仍不想告辞。主人终于忍不住了，指着窗外树上的一只鸟对客人说："最后一道菜这样安排：砍倒这棵树，抓住这只鸟，再添点酒，现烧现吃，你看怎样？"

　　客人答道："只怕没砍倒这棵树，鸟就飞走了。"

　　"不、不！"主人说，"那是只笨鸟，不知道什么时候该离开。"

　　不想告辞的客人，被比拟成"不知道什么时候该离开"的笨鸟，如果这只笨鸟不是太笨的话，应该知趣地早点离开。

　　同样是逐客令，阿登纳的比拟法，不仅幽默而且具有讽刺意味。

　　阿登纳刚走出办公室，在花园的小道上小憩，这时为丈夫说情的科隆博塔夫人来了。阿登纳真不愿见她，但她喋喋不休地要总理回办公室去谈。

　　"有什么说的，坦率地讲吧。"阿登纳有些不快。

　　这时不知从哪里飞来一只苍蝇，嗡嗡乱飞，夫人叫道："总理阁下，这里有苍蝇！"

　　"没关系，它老是在我身边。"

　　"它老是在我身边。"明指苍蝇，暗拟喋喋不休的夫人，幽默而又巧妙。

　　在不受欢迎的客人造访或有事急于脱身的时候直接下逐客令是一件令人为难的事。上面例子里的人比较聪明，巧借"笨鸟"和"苍蝇"将自己的意思表达出来。

比拟法也可以用来抨击时事。

以语言犀利、锋芒毕露见长的英国生物学家赫胥黎，在讲演中，用比拟法抨击了当时的社会对科学的不公正的态度。他说："科学这位'灰姑娘'天天生起火来，打扫房间，而到头来，人们给她的报酬，则是把她叫作贱货，说她只关心低级的物质的利益。"他60岁那年，辞去了英国皇家学会会长的职务。他在辞职仪式上说道："理智和良心向我指出，我已经无法完成这个会长职位的重大任务，所以我一分钟也不能干下去了。"说完上述话后，他又不无诙谐地对他的朋友们说："我宣读完了我去世的官方讣告。"

赫胥黎以拟人化的幽默，将教会和习惯势力排挤科学研究的丑恶面目揭示得淋漓尽致，因而具有震撼人心的力量。

## 双关运用技巧

双关是在一定的语言环境中，利用词的意义或同音条件，有意识地使语句具有双重意义，起到言在此而意在彼的效果。它分为谐音双关和语音双关。

在针锋相对、气氛热烈甚至略带一点火药味的情况下，面对对方凌厉的语言攻势，可以采用"明里说一，暗里说二"的方法，把深刻的道理寓于发人深省的比喻、回味无穷的幽默当中。这样发挥既能保持风度，又可以置对方于无可挽回的败地。

从前，有个县官带着随员骑马到王庄处理公务。走到一个岔道口，不知道朝哪个方向走才对。正巧一个老农扛着锄头走来，县官在马上大声问老农："喂，老头儿，到王庄怎么走？"

那老农头也不回，只顾赶路。

县官大声吼道："喂！"

老农停下来说："我没有时间回答你，我要去李庄看件稀奇事。"

"什么稀奇事？"县官问。

"李庄有头牛下了匹马。"

"真的？牛怎么会下马呢？"县官百思不解。

老农认真答道："世上的稀奇事多着哩，我怎么知道那畜生不下马呢？"

老农借字面的"畜生"，斥责连做人常礼都不懂得县官。这是一种明言此、暗言彼，指桑骂槐的双关讽刺手法。

双关技巧的应用是很普遍的，历来就为人们所重视。比如在《红楼梦》中双关技巧就有很多例子。

第四十六回中，鸳鸯与她嫂子之间有段对话：

鸳鸯道："什么话，你说吧。"

她嫂子笑道："你跟我来，到那里我告诉你，横竖有好话儿。"

鸳鸯明知她是为给贾赦说亲这件"喜事"而来，于是，使用双关手法骂道：

"什么好话，宋徽宗的鹰，赵子昂的马都是好画。什么'喜事'！状元痘儿灌的浆儿又满是喜事。"

这是一种谐音双关的技巧，显出言语的犀利，锋芒毕露，锐不可当。

以上都是双关技巧的运用。有的是谐音双关，有的是语意双关。不论是哪一种，只要运用得当，不但能够增加言语谈话的力度，使语言这一武器更具威力，而且能够有效地控制住谈话或辩论的气氛，要紧就紧，要松则松，牢牢把握主动权。

双关的运用具有模仿性、类比性、幽默性，故而在实践中运用这一手法时，要注意以下几个问题：

1. 高雅纯正

在使用这一手法时，要坚持文明表达、以理服人的原则。格调高尚文雅，内容纯净正派。要以德胜人、以理服人，切忌粗俗低级。虽然丑陋不堪也有可能凭一时的口舌之快占到上风，但泼妇骂街式的所谓"双关"令人不齿，是十分不可取的。

2. 隐藏幽默

这是双关技巧的要点。含而不露，幽默横生，是运用这种手法的基本要求。如果忽视这一点，就会失去风趣、讥讽和辩论的力量。幽默好比软鞭子，抽在身上，皮肤不留痕迹，但可以伤及人骨，刺入对方心里，使其言辞混乱，穷于应付，甚至还有可能使对方陷入自相矛盾而不能自拔的尴尬境地。所以，寓幽默于双关；寓驳于笑，是双关成功的秘诀之一。

3. 切中要害

我们不仅要善于捕捉对方的隐衷、企图，更要善于发现对方的破绽、矛盾，切中要害，置之于乱处，使之张口结舌、无言以对。同时要充分发挥联想、比拟的作用，加大发挥力度。

4. 沉着冷静

以静制动，对于对方挑衅性的言辞或咄咄逼人的气势既不能被其吓倒，也不可以同样气势摆出一副与之对骂的架势来。"不要同疯子争吵，否则人们会分不清谁是疯子。"始终保持良好的举止修养，彬彬有礼却寸步不让，和风细雨却伤人于无形。所以在使用这一技巧时，也要巧妙地把自己的道理寓在其中，才能更有说服力、更富战斗性。

# 夸张运用技巧

夸张是为了达到某种表达需要，对事物的形象、特征、作用、程度等方面有意夸大或缩小的修辞结构。

"霜皮溜雨四十围，黛色参天二千尺。"这是唐代大诗人杜甫《古柏行》里形容古柏高大的诗句。这两句诗曾引起过一场笔墨官司。《梦溪笔谈》的作者沈括说："四十围直径只有七尺，此树高达二千尺，不是显得太细长了吗?"《沼溪渔隐丛话》的作者引黄朝英的话说："古制圆周与直径的关系是三比一，四十围就是一百二十尺，直径即四十尺，此树虽然高达二千尺，也不算细长了。"

这两个人说的似乎都很有道理，但是这样计算似乎过于拘泥了。杜甫是在进行文学创作，也就是说，是运用夸张手法写古柏的气势。"四十围""二千尺"都是虚数，并非实指。

夸张是为了表情达意的需要，故意言过其实，对客观的人、事、物作夸大或缩小的描述。它的内核是表情达意，它的外貌是言过其实。只要内核把握好了，外貌不必斤斤计较。和比喻一样，一般的夸张说法已为人们普遍接受，逐渐化入人们的日常言谈之中，再也没有最初的刺激力了。

我们平时说的"烦死人了"就是典型的夸张。是程度上的夸张，因为烦人要到"死"的地步，岂不是夸张地形容烦得厉害？再如"忙了一天""干了一辈子""笑得喘不过气来""尾巴翘到天上去了"，以及"天翻地覆""绕梁三日"等，都运用了夸张的手法。可正由于用得多了，人们便不觉得那是夸张了。

又正如比喻要求创新，夸张也要求创新。比喻创新的路子是拉大本体与喻体的距离；夸张，尤其是作为幽默机智的方法的夸张，就是推向极度，所以这里称为极度夸张。

夸张应用到说话中往往起到讽刺的效果。正因为其有夸大的成分也就制造了幽默。所以应用夸张手法往往能起到一般语言起不到的作用。

阿凡提带着他7岁的儿子，拿着一份报告去找科长。

科长接过报告，不禁哈哈大笑："阿凡提啊阿凡提，别人都说你聪明，你怎么糊涂起来了？你才40多岁，你儿子才7岁，怎么打起退休报告来了？"

阿凡提不紧不慢地说："科长，按照您的工作效率，当您把这份报告批下来时，我和儿子的年龄就都够了。"

从40多岁到60多岁，中间有20年的时间，阿凡提够夸张的了，然而在阿凡提的幽默中，有强烈的讽刺意味。

上面是针对工作效率的低下，下面则是讽刺工作效率的"高超"的。

　　一群人围住一个小男孩，只见他蜷缩在地，痛苦地呻吟着。原来他吞了一枚 10 英镑的金币到肚子里。围观的人眼看孩子痛得不行了，都急得不知如何处置。这时，从人群中走出一位先生，来到小孩的身边，抓住小孩的腿，把他倒提起来，猛力地摇晃几下，只听"呼"的一声，那枚金币从孩子的嘴里喷了出来，围观的人舒了一口气。

　　一位旁观者问那位先生："您是医生吗?"

　　"不!"那人回答道，"我在税务局工作。"

　　此幽默令人喷饭，把税务局抠钱的本领夸张得无以复加。夸张不仅应用于较平和的场合，在剑拔弩张的场合同样不可缺少。比如那些毫无根据，又极具挑衅的提问总是会激起人们的反感，但是直接的指责反而会显得自己涵养不够。所以，我们不如根据对方的诘问，为自己编造一个更为严重的罪责，嘲讽对方无中生有、不讲礼貌，表达自己对这种无凭无据的问题的极大愤怒和拒绝回答的态度。

# 第八章
## 说话尺度

# 发生矛盾，勿说绝话

在发生矛盾后，双方肯定心里都不痛快，很容易失态，口出恶言，把话说绝了。一时把话说绝了，痛快也只能是一时的，而受伤害的是双方长远的关系及自己的声誉。所以，即使有了再大的矛盾，我们也应该把握住一点，就是不把话说绝，给对方，也给自己一个台阶下。

一位顾客在商场买了一件外衣之后，要求退货。衣服她已经穿过一次并且洗过，可她坚持说"绝对没穿过"，要求退货。

售货员检查了外衣，发现有明显的干洗过的痕迹。但是，直截了当地向顾客说明这一点，顾客是绝不会轻易承认的，因为她已经说过"绝对没穿过"，而且精心地伪装过。于是，售货员说："我很想知道是否你们家的某位把这件衣服错送到干洗店去过，我记得不久前我也发生过一件同样的事情。我把一件刚买的衣服和其他衣服堆在一块，结果我丈夫没注意，把这件新衣服和一堆脏衣服一股脑儿地塞进了洗衣机。我觉得可能你也会遇到这样的事情，因为这件衣服的确看得出已经被洗过的痕迹。不信的话，可以跟其他衣服比一比。"

顾客看了看证据，知道无可辩驳，而售货员又为她的错误准备了借口，给了她一个台阶下。于是，她顺水推舟，收起衣服走了。

售货员如果直白地揭穿顾客的"伎俩"，再强硬地驳回对方的要求，就等于在大庭广众下把话说绝了，换来的只会是一场尴尬和不欢而散。现实中，人们普遍存在着吃软不吃硬的心态。特别是性格刚烈的人，如果你说话"硬"的话，他也可能比你更硬；你如果来"软"的，对方倒会于心不忍，也就有话好好说了。

有的人会说，发生这种矛盾，我就打算和他绝交了，把话说绝了又怎么样。真是这样吗？要知道，暂时分手并不等于绝交。

友好分手还会为日后可能出现的和好埋下伏笔。有时朋友间分手绝交并非是彼此感情的彻底泯灭，而是因一时误会造成的。如果大家采取友好分手的方式，不把话说绝，那么，有朝一日误会解除了，就很可能破镜重圆，使友谊的种子重新绽放出绚丽的花朵。

有的人不明白这个道理，他们一和别人发生矛盾时就取下策而用之，与人反目为仇，谩骂指责，把话说得很绝以解心头之恨。这样做痛快倒也痛快，但他们没想到，在把别人骂得狗血喷头的同时，也就暴露了自己人格上的缺陷。人们会从这样的情景中看到，他对别人居然如此刻薄，如此不留情面，如此翻脸不认人。

在与人发生矛盾时不说绝话，能体现一个人的宽容大度和高尚品格。在正常情况下，人们的度量大小是很难表现得出来的。而当与别人发生了矛盾，使你难以容忍的时候，能否容人，那就看得一清二楚了。这时只有那些思想品格高尚的人，才会保持理智，以宽容的姿态，不把话说绝避免伤害对方。友好解决能使发生矛盾的彼此免受进一步的伤害，也可以说这是留给对方的真诚。

## 批评他人，裹上"糖衣"

有很多时候，你对家人、朋友，总觉得有些话不得不说，可是说了，反而把感情给伤害了，把事情给弄糟了。于是你就引用古语，替自己辩解。说什么"良药苦口，忠言逆耳"。

但是，为什么良药就非要苦得让人难以下咽呢？忠言为什么就一定要让人听了难受呢？医药科学发展至今，许多"良药"或包糖衣，或经蜜炙，早已不苦口。语言科学发展至今，讲究批评的方式方法与语言艺术，也可做到"忠言不逆耳"，老少皆喜欢听。

我们做了事情，说了话，写了文章，自己不放心，不敢下判断，这时候我们何尝不希望有人出来告诉我们哪点好，哪点不好。有时，我们会遇到一个人，他能够忠实地、大胆地指出我们的许多错误，正因这样，我们就敬佩他、感激他，甚至永世不忘。

可是为什么也有些批评和忠告我们不爱听，我们听了就难受、气愤，甚至感到自己的自尊心、自信心都受到了损伤？我们还会感到受了委屈、诬蔑以及侮辱？

一种苦味的药丸，外面裹着糖衣，使人先感到甜味，容易一口吞下肚子里去。于是，药物进入胃肠，药性发生了效用，疾病就治好了。我们要对人说批评的话时，在说以前，先给人家一番赞誉，使人先尝一点甜头，然后你再说批评的话，人家也就容易接受了。

那么，怎样的批评才能够做到忠言不逆耳呢？以下是语言大师们多年以来总结的一些原则，希望能够帮助你在批评别人时，既能提醒到别人的错误，但又不至于让对方不高兴，甚至因为理解你的批评从而与你的关系更加融洽。

第一，真诚。在善意地批评别人时，用这样的话开头，可能效果更加好："我曾经也犯过这样的错误"，"可能你也不明白什么地方出了错"等，真诚往往最能够打动人。

第二，适度。批评最好点到为止，既往不咎。"事情不发生也发生了，我们最重要的还是从中吸取教训吧。"

第三，理解对方。谁愿意犯错误呢？特别是当事人内心已经很自责时，他们更加需要别人的心理支持。因此，多说说这样的话，远比批评更重要："我想你现在可能很难受。""抽空，我们找个时间，一起分析一下失误的原因，好吗？""我相信你下一次一定会做好的。"

第四，切勿指责。指责只会让人与人之间陷入恶劣的情绪之中，导致影响理智和判断力。这样的话最好以后不要再说了："我都跟你说过多少遍了？""你为什么总犯同样的错误呢？""我看你真的是无可救药了！"

第五，委婉暗示。面对直接批评时，任何人内心的第一反应都会不舒服，因为批评就是惩罚。暗示如同苦药丸外面的"糖衣"，利用含蓄的、委婉的方式，更能达到"治病救人"的最终目的。

第六，分清场合时机。批评的时机与场合十分重要，千万不要进行批斗会式的批评。

第七，分清对象。跟什么样的人沟通，肯定要说不同的话。对长辈说的话跟晚辈不一样，男性跟女性不可能都一样，对朋友与对手更是立场不一样，对家人与对同事考虑的问题不一样。千万不要使角色混乱，说出不合适的话，否则，批评的效果不但达不到，还伤了和气。很多话本身并没有问题，但用在不同场合、不同对象身上，就有可能闹大笑话。

例如，一个很自卑的人犯错时，我们给予其适当的安慰会胜过千言万语，因为他本身已经非常自责。对于一个很爱面子的人，我们一边批评一边给其台阶下，他会及时纠正自己的失误。而对于一个心服口不服的人，我们没有必要死抓不放，重要的还是看他的行动。很多沟通失误，其症结在于角色不清。

如果很好地做到以上几点，那我们就可以让别人很高兴地接受我们的批评了。

## 良药甜口，顺耳忠言

忠告，对于帮助他人和与他人建立真诚的友谊，起着难以替代的重要作用。反过来讲，不能给予他人忠告的人不是真诚的人，这种人不会将自己的真实感受告诉对方。也就是说，不爱别人的人是不会给予他人忠告的，不被人爱的人也同样得不到忠告。因此，我们应该欢迎忠告。

尽管如此，为什么一般人都讨厌忠告，忠告为何听起来总不顺耳呢？

究其原因，就在于一般人容易受感情支配，即使内心有理性的认识，但仍易受反感情绪的影响而难以听进忠言。

有一个中学生很贪玩，整日在外游荡，不爱学习。

有一天，他大彻大悟了，下决心要好好学习。当他刚一走进家门，他母亲就急不可耐地忠告儿子："你又到哪里野去了？还不快去复习数学，看你将来怎么考大学！"

"哼，上大学，我就不信不上大学就混不出人样儿！"

受逆反心理驱使，一气之下，儿子又跨出了家门，母亲的一番苦心白费了。

首先，你在忠告之前要谨慎行事，同时还要选择时机。例如，当下属尽了最大努力而事情最终没有办好时，此时最好不要向他们提出忠告。如果你这时不合时宜地说"如果不那样就不至这么糟了"之类的话，即使你指出了问题的要害且很在理，可下属心里却会顿生"你没看见我已在拼命了吗"的反感，效果当然不会好了。相反，如果此时你能说几句"辛苦你了""你已做了最大的努力""这事的确比较难办"的安慰话，然后再与部下一起分析失败的原因，最终部下是会欣然接受你的忠告的。

其次，选择什么场合提出忠告也很重要。原则上讲，提出忠告时，最好一对一，千万不要当着他人的面向对方提出忠告。因为这样做，对方就会受自尊心驱使而产生抵触情绪。

最后，就是不要以事与事、人与人做比较的方式提出忠告。因为此时的比较，往往是拿别人的长比对方的短，这样很容易伤害对方的自尊心。

"小于，你看人家小熊哪天不是安安静静的，而你总是疯玩疯闹，你就不能学学人家吗？"母亲痛切地对女儿说。

"她乖，她好！你认她做女儿算了，我走！"女儿嚷道。虽然女儿明明知道自己的缺点，但出于自尊心，她没好气地顶撞着母亲。母亲的劝告失败了。

即便是忠告也不要说得那么逆耳，因为叛逆心理人多少都会有些。良药也可以是甜口的，有时候把忠告说得顺耳人们会更喜欢也更能接受。

　　说到底，忠告是为了对方，为对方好是根本出发点。因此，要让对方明白你的一番好意，就必须谨慎行事，不可疏忽大意。此外，讲话的态度一定要谦和诚恳，用语不能激烈，也不必过于委婉，否则对方就会产生你教训他、你惺惺作态的反感情绪。

## 多用鼓励，替换责骂

　　父母、老师、上司，经常会碰到"不争气"的孩子、学生和下属。这时应该怎么样，横眉怒对吗？这只会增加他们的叛逆心理。比较好的一种办法是告诉他们：你们很优秀。人们多数时候需要的是激励，而不是责骂。

　　纽约布鲁克林的一位老师鲁丝·霍普斯金太太，在新学期开学的第一天，看过班上的学生名册时，对本该兴奋和快乐的新学期却心怀忧虑：今年，在她班上有一个全校最顽皮的"坏孩子"——汤姆。他不只是做恶作剧，还跟男生打架、逗女生、对老师无礼、在班上扰乱秩序，而且好像是越来越糟。他唯一的优点是很快就能学会学校的功课。

　　霍普斯金太太决定立刻面对汤姆的问题。当见到新学生时，她讲了一些话："罗丝，你穿的衣服很漂亮。爱丽西亚，我听说你画画很不错。"当念到汤姆的名字时，她直视着汤姆，对他说："汤姆，我听说你是个天生的领导人才，今年我要靠你帮我把这个班变成四年级最好的一个班。"在头几天，她一直强调这点，夸奖汤姆所做的一切，并评论他的行为表明他是一位很好的学生。

　　令人惊奇的结果出现了，汤姆真的变了，他渐渐地约束了自己的行为，变成了一个好学生。

　　这位老师用最杰出的语言拯救了一个孩子。我们不仅看到作为老师对学生的耐心教导，也体会到使用好语言对他人的重要作用。

很显然，鼓励的话就像一剂强心剂，使听者看到"重生"的希望，并充分地认识到，自己还有诸多美好的可能。这些可能远要比自己想象的还要完美。"你很棒""我为你骄傲"等类似这样激励的语言，并不难说出口，但它有时会决定了一个人的命运。

下面看一下美国纽约州第一位黑人州长罗杰·罗尔斯的故事。

罗杰·罗尔斯是美国纽约州历史上第一位黑人州长。他出生在纽约声名狼藉的大沙头贫民窟，这里环境肮脏，充满暴力，是偷渡者和流浪汉的聚集地。在这儿出生的孩子，耳濡目染，他们从小逃学、打架、偷东西甚至吸毒，长大后很少有人从事体面的工作。但是，罗杰·罗尔斯是个例外，他不仅考入了大学，还成了州长。

在就职的记者招待会上，一位记者对他提问："是什么把你推向州长宝座的？"面对300多名记者，罗尔斯对自己的奋斗史只字未提，只谈到了他上小学时的校长——皮尔·保罗。1961年，皮尔·保罗被聘为诺必塔小学的董事兼校长。当时正值美国嬉皮士流行的时代，他走进大沙头诺必塔小学的时候，发现这儿的穷孩子比"迷惘的一代"还要无所事事。他们不与老师合作，旷课、斗殴，甚至砸烂教室的黑板。皮尔·保罗想了很多办法来引导他们，可是没有一个奏效。后来他发现这些孩子都很迷信，于是他上课的时候就多了一项内容——给学生看手相，他用这个办法来鼓励学生。

当罗尔斯从窗台上跳下，伸着小手走向讲台时，皮尔·保罗说："我一看你修长的小拇指就知道，将来你是纽约州的州长。"当时，罗尔斯大吃一惊，因为长这么大，只有他奶奶让他振奋过一次，说他可以成为五吨重的小船的船长。这一次，皮尔·保罗先生竟说他可以当纽约州的州长，着实出乎他的预料。他记下了这句话，并相信了它。从那天起，"纽约州州长"就像一面旗帜，罗尔斯的衣服不再沾满泥土，说话时也不再夹杂污言秽语。他开始挺直腰杆走路，在以后的40多年间，他没有一天不按州长的身份要求自己。51岁那年，他终于成了州长。

一句鼓励的语言，能够扫去他人的自卑，提振自己的信心；一句鼓励的语言，能够培养他人自尊与自爱，不被挫折所败；一句鼓励的语言，温暖他人的同时其实也照亮了自己的心灵。

如同没有好学生与坏学生，只有个性不同的学生一样，所谓不争气的人只是缺少了一些自信。面对这样的人，我们需要的是鼓励而不是嘲讽。

## 低调说话，高调做事

网上流传着这样一句话：做人要低调。有人开玩笑说，应该把它当成是大学生的校训一样，要人们每天铭记在心里。之所以这样说，是因为现在的人们总喜欢出风头，炒作别人或者炒作自己，想把自己拔高，结果往往使别人越来越讨厌他们。

一天晚上，在举行的集会上，有一位参加者，冲出来这样说道："真的令人很惊喜呢！我目前所学到的说服人的规则果真很有效果。在这个礼拜，我以时速45英里穿过时速30英里的限制区时，我往后视镜一看，我看到一闪一闪的红色灯——是巡逻车！我确知超速已被警察发现了，于是将车子停靠在停车线上，然后从车里走出来，往巡逻车的方向走去。此时警官正想开始开罚单，我就使用在此学习的说服规则，仅花了15分钟的时间，便成功地说服警官，结果他没有开罚单！"

这位参加者这种为了想要让别人对自己印象深刻的言行是极其愚笨的。他也许真的说服了警官，然而他无法说服别人与他交往，没有人会喜欢跟爱卖弄的人打交道，做朋友就更别提了。

在日常生活中与朋友交往，尤其是和一些地位与处境不如你的人交往，你内心是否会滋生一种居高临下的感觉？如果有，你应该及时铲除人际交往中的这种有害心理。

　　轻狂傲慢的人在任何时间、任何地点都不愿放下架子，自高自大，不愿和人主动亲近，对人冷淡、清高，习惯性地在人们面前卖弄自己的特长和优点，时刻对他人居高临下。而历史上许多伟大的人物往往是谦虚平等、自信而低调的人。

　　曾经有一个学者，学富五车，精通各种知识，所以自认为无人可以和自己相比，很是骄傲。他听说有个禅师才学渊博，非常厉害，很多人在他面前都称赞那个禅师，学者很不服气，打算找禅师一比高下。

　　学者来到禅师所在的寺院，要求面见禅师，并对禅师说："我是来求教的。"

　　禅师打量了学者片刻，将他请进自己的禅堂，然后亲自为学者倒茶。学者眼看着茶杯已经满了，但禅师还在不停地倒水，水溢出来，流得到处都是。

　　"禅师，茶杯已经满了。"

　　"是啊，是满了。"禅师放下茶壶说，"就是因为它满了，所以才什么都倒不进去。你的心就是这样，它已经被骄傲、自满占满了，你来向我求教，怎么能听得进去呢？"

　　喜欢表露的人是很难结识到良师益友的，低调、谦逊是一种风度、一种情操。如果你不想让有真知灼见的朋友对你避而远之，最好收敛一些，把你仅有的一点儿见识藏好。

　　高调做事，低调说话，并不是什么事情都退在后面，自己的利益被别人剥夺强占也不发出任何声音，自己的人格被别人侮辱也不反抗，这不是低调，这是懦弱。不要太招摇，不要有点儿小本事就拿出来显摆，不要有事没事就往领导跟前凑，然后做出一副领导面前红人的模样。什么事情自己心中都要有数，要清楚，有本事慢慢拿出来用，在别人最需要的时候拿出来用，乐于帮助别人，为别人服务，这样才能成为一个受别人欢迎和拥护的人。

## 安抚对方，给他希望

　　如果有人情绪不好，处于气愤或失望中，你该如何安抚他呢？你可以描绘美好的未来，使对方产生精神上的寄托，他就自然而然地摆脱了对目前不利状况的思虑。未来是不确定和无法预知的，正因为如此，未来才是可以去塑造、去开创的，才是可以寄予愿望的。当暂时出现了难以解决的难题和窘境时，你可以引导受挫者放眼未来，指出其开创未来的优势所在，使其产生对于未来的信心和希望，从而摆脱对眼下挫折的过多思虑，抖擞精神去开创未来。

　　有一对青年男女小周和小胡，交朋友3年多，在一起看电影、下馆子，关系挺密切。可是，当小周把结婚的东西置办齐，要小胡和他去登记结婚时，小胡却突然与他中断了恋爱关系。小周找到她家理论，又被拒之门外。他又气又恨，在门外叫骂，用头撞大门，要死在她家门外。这时，正好小周单位的领导经过，就跑过来问他："你们之间有爱情吗？"小周被问得沉默了。领导进一步开导说："光在一起看看电影，逛逛马路，吃吃喝喝，那不是爱情。真正的爱情不是用钱可以买来的。再说，'捆绑不能成夫妻'，既然人家不爱你，你何必强求呢？你今年才25岁，为一个不爱你的姑娘去死，多不值得？你业务能力强，工作又上进，将来事业不可限量，只要好好干，还愁找不到一个好媳妇？"一番话把愁眉苦脸的小周说得眉眼舒展开了。

　　男青年小周失恋，这个既定的事实已经无法改变，想办法破镜重圆恐怕也是难以实现了。此种情况下，单位领导有意把小周的视线从眼前的糟糕状况中转移开，引导他放眼未来，同时给他指出开创未来的两点优势：年轻、工作上进，强调只要充分利用这些优势，就一定能够找到顺心的人生伴侣。这样，小周的精神上有了寄托，精神状态也就好转了。

英国浪漫主义时期的大文豪斯科特，著作等身，丰硕质精，不仅对英国小说史有划时代的影响，对当时的俄国、法国、美国文坛也有不少的影响。

可是，这样一个大文豪小时候并不优秀。身患小儿麻痹症的他，右脚行动不便，身体孱弱，几次重病差点丧命，本来就有些自卑，加上成绩不如人，便成了"学校怪胎"，言行常常不礼貌，爱缺课，学期末的评语总是很糟。只有一位老师知道，他虽然厌恶功课，对读书却充满兴趣，这位老师不停地给予他鼓励，而这也正是他的人生转折点。

成名后的斯科特曾回小学的母校参观，感触良多地问学校老师："现在学校成绩最差的孩子是谁?"然后，他学习当年看重他的那位贴心老师，告诉那位被称为最差的红着脸的小朋友说："你是个好孩子，我当年也跟你一样，成绩很差，不要灰心。"说完，他便从口袋里掏出一枚金币送给这个孩子。

"一句话改变一个人的一生"，这句话在那个小朋友的身上应验了，他最终从爱丁堡大学毕业，成了一名优秀的执业律师。

到底是什么让学习成绩最差的学生成了一名优秀的律师，让一个问题学生成为一个大文豪? 那就是一份希望，别人给他的一份希望。这也就是鼓励的艺术。

有人说，鼓励的艺术最高的境界会带给人新的希望。当一个人心情落到谷底时，只要有人对他说"你一定可以渡过难关的"，或者说一句"我相信你可以做得到"，或者说"大家与你同在，会帮助你的"，都能给予人坚持下去的勇气和力量。

所以，当你安慰别人时，可以给他一个希望的目标，在这份希望的指引下，他就可以很快走出失意，重新面对新生活。

# 淡化色彩，表示不满

在公众活动中，经常可能遇到让人尴尬而不满的情景。在这种情景下是不好生硬地表达不满的，而应该淡化感情色彩。

著名科学家爱因斯坦风趣幽默，有一次，由他证婚的一对年轻夫妇带着小儿子来看他。孩子刚看到爱因斯坦一眼就号啕大哭起来，弄得这对夫妇很尴尬，爱因斯坦脸上也有些挂不住，但幽默的爱因斯坦摸着孩子的头高兴地说："你是第一个肯当面说出对我的印象的人。"这句妙答给了这对夫妇一个情面，活跃了气氛，融洽了关系，当然也含蓄地表达了爱因斯坦的不满。

在这里，爱因斯坦向我们显示了他在交际中的机智。面对孩子大哭给自己和年轻夫妇带来的尴尬，他干脆采用了自嘲的方式来帮助对方化解尴尬并表现自己的不满。然后放低姿态，凭借"慈祥"的语气表示自己对此态度的认同，淡化了感情色彩。

1988年8月3日，英国首相撒切尔夫人在出访澳大利亚时参观墨尔本市市容，突然遭到爱尔兰共和军的支持者的围攻。在示威者的一片谩骂声中，撒切尔夫人在澳大利亚警方的保护下仓促离去。即便对一个老资格的政治家来说，这也是一件很尴尬的事情，而对东道主澳大利亚来说，也是大丢脸面的。在当晚的宴会上，撒切尔夫人在宾客好奇的期待和主人难免的困窘尴尬中，轻松地评论说："墨尔本是一个美丽而吵闹的城市。"哄然大笑之后，听众热烈鼓掌，大家为撒切尔夫人巧妙淡化、摆脱尴尬的技巧所叹服。

她把一场激烈的政治性示威淡化为城市由于人口高度密集而难免的喧嚣吵闹，使自己的不满在双方的笑声中表现了出来。

我们每天会遇到不同的人，遇见不同的事，这些人和事都会对我们的心情产生影响。如何表达我们的看法，而又不伤了彼此的和气，且还能使彼此的关系继续发展，实在是一门深厚的学问。掌握得好，能让我们在与人交往中占据主动，化解尴尬，如果拿捏不准，只能给自己添加烦恼。

美国前首相威尔逊在一次竞选演讲中，遭到一个捣乱分子的挑衅。演讲正在进行，捣乱分子突然高声喊叫："狗屁！垃圾！臭大粪！"这个人的意思很明显，是骂威尔逊的演讲臭不可闻，不值得一听。威尔逊对此感到非常生气，但只是报以微微的一笑，安慰他说："这位先生，我马上就要谈到你提出的环境脏乱差的问题了。"随之，听众中爆发出掌声、笑声，为威尔逊的机智幽默喝彩。

社交场合碰到别人的不恭言行，还真不能发作，但憋在心里也不好受。海明威曾说过："告诉他你不高兴，但在话中别出现'不高兴'这个词。"把表示不满的语言的感情色彩淡化一下，让对方知道你不高兴，又不至于破坏友好气氛，是个不错的方式。

# 第九章

## 方圆技巧

## 迂回策略：以迂为直，绕路说服

在交际时，为了达到谈话的目的，有时需要绕一定的路才可以起到作用。人们常用的"以迂为直"策略在许多正面强攻不下的情况下，不失为一种灵活有效的办法。因为它结合明确的目的性与战术的灵活性，避开对方布下的"地雷区"，进攻的路线又带有隐蔽性，并符合对方的心理需求，所以容易在对方戒备不严的情况下，逐步使其不知不觉地接受自己的观点。下面让我们列举触龙说服赵太后的例子来说明采用"以迂为直"策略的好处。

公元前265年，赵国的赵太后刚执政不久，秦国便发兵前来进攻。赵国求救于齐国。齐国提出必须以赵太后的小儿子长安君做人质，才肯发兵相救。但是赵太后舍不得小儿子，坚决不允。赵国危急，群臣纷纷进谏。赵太后依旧坚决地说："从今日起，有谁再提用长安君做人质，我就往他脸上吐唾沫！"大臣们便不敢再多说什么。

有一天，左师触龙要面见赵太后，赵太后认为触龙一定是为了劝谏而来，于是她便摆开了吐唾沫的架势。不想触龙慢条斯理地走上前，见了太后，关心地说："老臣的脚有毛病，行走不便，因此好久未能来见您，我担心太后的玉体，今天特地来看望。最近您过得如何？饭量没有减少吧？"

太后答道："我每天都喝粥。"触龙又说："我近来食欲不振，但我每天坚持散步，饭量才有所增加，身体才渐渐好转。"赵太后听触龙每句话都不提人质的事，怒气也渐渐消了。两人于是亲切、融洽地聊了起来。

聊着聊着，触龙向赵太后请求道："我的小儿子叫舒祺，最不成才，可是我偏偏最疼爱这个小儿子，恳求太后允许他到宫中当一名卫士。"太后赶紧问触龙："他几岁了?"触龙答："15 岁。他年岁虽小,可是我想趁我在世时,赶紧将他托付给您。"

赵太后听到触龙这些爱怜小儿子的话,深有同感,便忍不住与他闲谈,太后说："真想不到你们男人也疼爱小儿子呀!"触龙说："恐怕比你们女人还更甚呢!"太后不服气地说："不会吧,还是女人更爱小儿子。"

触龙见时机已到,于是把话题引申一步,说道："老臣认为您爱小儿子爱得不够,远不如您爱女儿那样深。"太后不同意触龙的这个说法。

触龙解释道："父母爱孩子,必须为孩子做长远的打算。想当初,您送女儿远嫁燕国时,虽然为她的远离而伤心,可是又祈祷她不要有返国的一日,希望她的子子孙孙相继在燕国为王。您为她想得这样长远,这才是真正的爱。"

太后信服地点了点头。触龙接着说："您如今虽然赐给长安君许多土地、珠宝,但若不使他有功于赵国,您百年之后,长安君能自立吗?所以我说,您对长安君不是真的爱护。"

触龙这番话说得赵太后心服口服,立即吩咐给长安君准备车马、礼物,送他去齐国当人质,并催促齐国出兵。而齐国也很快就出兵解了赵国之围。

触龙说服赵太后的方法,便是运用以迂为直的策略典范。

有人说,拐弯抹角的话我可不喜欢听,我还是希望别人有什么话就直接告诉我,不然来回绕弯子多耽误大家时间,还不一定能达到良好效果。可是有时候有些话直接说出来不但让对方接受不了,也会给自己招来祸端。记住:得罪人的事或者不好听的话,要尽量绕弯子地让对方明白。

# 转弯策略：欲抑先扬，避免直接

有时对方提出的要求并不是不合理，但因条件的限制无法予以满足。面对这种情况，拒绝的言辞可采用"先承后转"的形式，使其精神上得到一些宽慰，以减少因遭拒绝而产生的不愉快。例如，一家公司的经理对一家工厂的厂长说："让我们公司做你们的经销商，以我们的名气和你们的实力来打造一个全新的大品牌，你看怎么样？"厂长回答："这个设想很不错，只是目前条件还没有成熟。"这样既拒绝了对方，又给自己留了后路。

对对方的请求最好避免一开口就说"不行"，而是要表示理解、同情，然后再据实陈述无法接受的理由，获得对方的理解，使其自动放弃请求。

李毅和王静是大学同学，两人毕业后一直没有来往。一天，王静突然向李毅提出借钱的请求，李毅很犯难。李毅这几年做生意虽说挣了些钱，但也有不少外债。这次要是借吧，怕担风险；不借吧，同学一场，又不好拒绝。思忖再三，最后李毅说："你在困难时找到我，是信任我、瞧得起我，但不巧的是我刚刚买了房子，手头一时没有积蓄，你先等几天，等我过几天结账了，一定借给你。"

有时对方可能会很急于事成而相求，但是你确实又没有时间、没有办法帮助他的时候，一定要考虑到对方的实际情况和他当时的心情，一定要避免使对方恼羞成怒，以免造成误会。

拒绝还可以从感情上先表示同情，然后再表明无能为力。

欲抑先扬这种方法也可以说成是一种"先承后转"的方法，这也是一种力求避免正面表述，而采用间接拒绝他人的一种方法。先用肯定的口气去赞赏别人的一些想法和要求，然后再来表达你需要拒绝的原因，这样你就不会直接地伤害到对方的感情了，且还能够使对方更容易接受你，同时也为自己留一条退路。

一般情况来说，你还可以采用下面一些话来表达你的意见，"这真的是一个好主意，只可惜由于……我们不能马上采用它，等情况好了再说吧"，"这个主意太好了，但是如果只从眼下的这些条件来看，我们必须要放弃它，我想我们以后肯定是能够用到它的"，"我知道你是一个体谅朋友的人，你如果对我不十分信任，认为我没有能力做好这件事，那么你是不会找我的，但是我实在忙不过来了，下次如果有什么事情我一定会尽我的全力来支持你"，等等。

这样的表述虽然最后结果是拒绝别人，但因为赞扬和抬高了对方，对方不但不会生气，还会觉得你是个体贴的人。

## 权威策略：借人之名，说你的话

有的人想问别人某些问题，并且这些问题不问是肯定不行的，但是直接问也不妥当，这个时候你不妨借别人的口来问自己的问题。

某公司总经理在外地与对方谈判了6天还没有结果，他的秘书想知道谈判究竟进行得如何以及何时能返回，但又不好意思开口问，于是跟总经理说："服务台小姐刚打来电话，说她们有预订机票的服务，问我们是否需要。我们用不用现在回复？"总经理想了一下，回答道："问一问能不能订后天的票。"秘书于是做好了返程的准备。

这里，秘书用的就是"借不相关的人之口来问自己的问题"的方法。

有些问题自己直接问，效果可能适得其反，但又无其他人的口可借时，就可以找一个与问题不直接相关的人的名义来问。如果我们向媒体或医生咨询一些关于人际关系或者健康的问题又难以启齿时，可以说："我的朋友病况如何，请问……"，"我的同事请我代问一下……"，其实，这些所谓的"朋友""同事"可以是根本就不存在的人。这种问话方式，在很大程度上能减轻人们的心理障碍，从而使问题得以顺畅地表达出来。

生活中有些乖张的人，只有上级才能镇得住。以自己的名义向他提要求，没准儿碰一鼻子灰，这时最好借上级的口来问。

比如，出于工作需要，你要去问某一位领导的工作进度，而他正好是一个欺软怕硬、专看上级脸色行事的人。你不妨这样问："王局长让我来问问，你们处的工作报告写好了没有。"这样一问，迫使他不得不以认真的态度来回答问题，而你自己又不会被他压住了气势，因为你的身份已经转换为"传话者"而非"办事者"，纵使他心里不情愿，鉴于领导的压力，也不敢怎么样。

虽然借上级的口来问话，比如，"组织上对这个问题很重视""某某领导一直很关心这个问题"等，听上去官腔十足，但在关键时刻，却是对付某些人的撒手锏。

此外，对那些工作比较繁忙的对象或对某些问题有解释能力却故意藏而不露的人，提问时可以借用含义比较广泛而又模糊的"大家"的口来问，如"大家都想了解一下……您能不能给我们说一下""大家让我来问问……"。

一般人都会认为"大家"提的问题是重要的问题，尤其是对于矛盾比较大的问题，如果回答得好，则既可以使工作顺利地开展同时还能在公众心目中树立良好的个人形象。所以，借用"大家"的口发问，往往会使对方对问题予以重视。

这一招最有效的场合是采访公众人物时，记者借用"大家"的口来问自己的问题。这样给人造成一种印象：这是大家都想知道的问题，我才不得不问的。

总之，当你在人际交往中遇到那些想问而又不能以自己之口直接询问的问题时，最好借别人之口说出来，这样能取得良好的效果。

# 谐音策略：谐音巧用，反贬为褒

谐音，是指利用语言的语音相同或相近的关系，有意识地使用语句的双重意义，言在此而意在彼。谐音的妙用，在于能让人把话说圆而摆脱困境，甚至化险为夷。因为许多字词在特定场合中，用本音是一个意思，而用谐音则成了另一个意思。

据传，从前有个宰相，他有一个名叫薛登的儿子，生得聪明伶俐。当时有个奸臣叫金盛，总想陷害薛登的父亲，但苦于无从下手，便在薛登身上打主意。有一天，金盛见薛登正与一群孩童玩耍，于是眉头一皱，诡计顿生，喊道："薛登，你像个老鼠一样胆小，不敢把皇门边上的桶砸碎一只。"

薛登不知是计，一口气跑到皇门边上，把立在那里的双桶砸碎了一只。金盛一看，正中下怀，立即飞报皇上。皇上大怒，立刻传薛登父子问罪。

薛登父子跪在堂下，薛登却若无其事地嘻嘻笑着。皇上怒喝道："大胆薛登！为什么砸碎皇门之桶？"

薛登想了想，反问道："皇上，您说是一桶（统）天下好，还是两桶（统）天下好？"

"当然是一统天下好。"皇上说。

薛登高兴地拍起手来："皇上说得对！一统天下好，所以，我便把那只多余的'桶'砸掉了。"

皇上听了转怒为喜，称赞道："好个聪明的孩子！"又对宰相说："爱卿教子有方，请起请起！"

金盛一计未成，贼心不死，又进谗言道："薛登临时胡编，算不得聪明，让我再试他一试。"皇上同意了。

金盛对薛登嘿嘿冷笑道:"薛登,你敢把剩下的那只也砸了吗?"

薛登瞪了他一眼,说了声"砸就砸"便头也不回,奔出门外,把皇门边剩下的那只木桶也砸了个粉碎。

皇上喝道:"顽童!这又如何解释?"

薛登不慌不忙地问皇上:"陛下,您说是木桶江山好,还是铁桶江山好?"

"当然是铁桶江山好。"皇上答道。

薛登又拍手笑道:"皇上说得对。既然铁桶江山好,还要这木桶江山干什么?皇上快铸一个又坚又硬的铁桶吧!祝吾皇江山坚如铁桶。"

皇上高兴极了,下旨封薛登为"神童"。

谐音是一语双关的表现形式之一。在上面这个例子中,薛登之所以能够化险为夷,就在于他巧妙地运用了谐音把话说圆了。古人有这样的智慧,现代人也并不缺少。

一日,小君请了两位要好的朋友到家中小坐,几人猜拳行令,好不痛快,谈及三兄弟友谊,更是情深意笃。小君掏出好烟,一一给两人点上,然后又点上自己的。谁知当他熄灭火柴扭头准备劝酒时,却见两位朋友拉着脸。小君一寻思:坏了!三个人不能同时用一根火柴点烟,因一根火柴点三次火的谐音是"散伙"。

面对这尴尬的场面,小君并没有用"对不起""请原谅"等客套话解围,他一笑说:"咱们这地方都说三个人用一根火柴点烟的意思是'散伙',我觉得不对。我的解释是,三个人用一根火柴点烟是三个人不分你我,是'仨人一伙'的意思。所以今天我特意用一根火柴点三支烟,我们三人今后永远是一伙的,有福同享,有难同当。哥们儿,你们说对不对呀!"经小君这么一解释,两位朋友都乐了:"是!我们永远是一伙的。"

小君面对尴尬的局面,遇事不慌,巧妙地用谐音解释了词义,反贬为褒,不仅使误会消除了,而且加深了他们之间的友谊。

有时候出错是不好掩盖的,因为欲盖弥彰。这时候需要的是打破那种不快的气氛,让大家都能够释怀。用谐音把话说圆,就是让大家释怀的一种好方式。

## 双关策略：一语双关，引人就范

一语双关，是指在一定的语言环境中，利用语句的同义或谐音的关系，使语言具有双重意义。

由于双关含蓄委婉、生动活泼，又幽默诙谐、饶有趣味，能给人以意在言外之感，又使人回味无穷。

阿凡提在闹市租了店面开理发店，租期为一年。店主仗着店面是他的，每次剃头都不给钱。

有一天店主又来了，阿凡提照例给他剃了光头，边刮脸边问道："东家，眉毛要不要？"

"废话，当然要！"

阿凡提嗖嗖两刀，把店主的两道浓眉剃下来了，说："要，就给你吧。"

店主气得说不出话来，埋怨自己不该说"要"。

"喂，胡子要不要？"

"不要，不要！"店主忙说。

阿凡提嗖嗖几刀，把店主苦心蓄养的大胡子刮下来，甩到地上。

阿凡提用双关语，把店主整治得无可奈何。

当遇到棘手的问题不好回答或不能回答时，一语双关往往能收到出人意料的效果。

不过一语双关是需要技巧和反应能力的，平常没有环境可也用不上这个技巧。但是如果有机会运用上，那这样的妙语足以让他人回味无穷。

晏子的语言智慧，也可以说是流芳千古了。

有一次，齐景公的一匹爱马突然病死，他迁怒于养马人，下令将养马人推出去斩首。

在场的晏子听说后，他略一思索，便跪到齐景公面前数落起养马人的"罪状"来了："大王，您想处死养马人，应该先让他知道，他犯了什么罪才行呀！现在让我来列举他的3条罪状，请您听一听。"

齐景公点头同意，晏子便对着养马人高声说道："你为君王养马，却把马养死了，这是第一条罪状；死掉的这匹马，又是君王最喜爱的，所以又增加了一条罪状；因为马的死，君王要处死你，这消息如果让老百姓知道了，他们就会怨恨君王，让邻国知道了，他们就会看不起齐国，让君王背上一个重马不重人的恶名，这不是你的第3条罪状吗？你犯下如此三条大罪，就应该处以死罪。"

齐景公听完这些话，觉得晏子是句句冲着自己来的，顿有所悟地说："把养马人放了吧！别损害了我仁爱的名声。"

晏子的话表面上处处顺着景公的心意，口口声声数落马夫的罪状，而实际上是字字句句讽刺齐景公，从反面说出齐景公的错误，点出杀掉马夫的危害是"积怨于百姓，示愚于诸邻"。

这种蕴含大义的弦外之音，齐景公当然还能听得出，只好释放了马夫。遇到不可理喻的人，善辩者总是一反常态，采用正话反说的方式，在虚顺实逆、明褒暗贬的语言怪招中，收获正面说理难以出现的奇效。

## 暗示策略：寓理于事，不言自明

中国有句老话："只可意会，不可言传。"这句话一语道破很多无法用语言形容的景象和状况。很多时候就是这样，比如你看到一篇佳作，你被深深打动了，可是如果有人说，你写篇读后感吧，那你多半要没了兴致，提笔也写不出心中的感受。

不过"只可意会，不可言传"，毕竟只是一个托词，对于朋友和家人问的一些问题不好回答了，可以用这句话搪塞过去。然而在公众场合，比如领导提问，记者采访或者像外交官一样代表国家形象去接受问答，这句托词就起不到作用。

如果对方果然问出一个让你非常棘手，不知如何回答的问题，该怎么办呢？不回答会显得你无知，若是回答又没有贴切的语言可以描述。这时候你可以针对提问讲一个事例，让对方认同其中包含的道理，然后将此道理应用于对方的提问，使答案不言自明。

如果能反被动为主动，让对方代替自己回答问题，可以说是人际应对中的较高境界了。我们可以针对对方的提问，举出一个类似的事例，反请对方说出其中的道理，然后回到最初的问题上，说明对方的观点正是问题的答案。一个回合下来，对方这个"系铃人"在我方的诱导下不知不觉又成了"解铃人"，使我方得以轻松地摆脱困境。

罗斯福第四次连任美国总统时，许多记者都抢着采访他，请他谈谈连任四次的感想。一位年轻记者破例得到罗斯福总统的接待。他没有正面回答青年记者提出的问题，而是先请他吃一块蛋糕。

记者获得殊荣，十分高兴，他很快便把蛋糕吃下去了。接着，总统又请他吃了一块。当他刚要开口请总统谈谈时，总统又请他吃第三块蛋糕。青年记者受宠若惊，肚子虽饱了，但盛情难却，勉强吃了下去。

记者正在抹嘴之时，只见罗斯福总统微笑着对他说："请再吃一块吧！"

记者实在吃不下去了，便向总统申明。

罗斯福总统笑着对他说："不需要我再谈第四次连任的感想了吧？刚才您已经亲身体验到了。"

罗斯福没有直接告诉记者自己的感受，而是让他通过连吃四块蛋糕的感受，体验自己连任四次总统的感想，可谓高明之极。

有时语言确实很苍白，不足以表达你心里的感受，比如当你登上泰山，来到玉皇顶，看见头顶上的云雾在太阳的照射下迅速退去，那种风云变幻的场景令你十分震撼。这时，如果有人在旁边问，谈一下你现在的感受吧。你一定会顿时觉得索然无味，或许连继续欣赏景色的兴致都消失掉了。因为在那个时刻，不说话只默默欣赏美景才是最好的。

有的话不需要说得很明白，对于不好回答或者不方便说的话，不妨就打个比喻，或者推托一下，彼此也就明白了，也就不会无趣地盘问下文了。

# 第十章

## 说话水平

# 用类比法反驳诘难

一家公司的经理在一次业务谈判中，受到了另一家公司业务员的顶撞，为此，他气冲冲地找到那家公司的经理，吼道："如果你不向我保证，撤销上次那个蛮横无理的工作人员的职务，那么，显然是没有诚意和我公司达成协议！"

这家公司的经理听了微微一笑，说：

"经理先生，对于工作人员的态度问题，是批评教育还是撤职处理，完全是我们公司的内部事务，无须向贵公司做什么保证。这就同我们并不要求你们的董事会一定要撤换与我公司工作人员有过冲突的经理的职务，才算是你们具有与我公司达成协议的诚意一样。"

先前怒气冲冲的经理顿时哑口无言，态度也和缓了许多。

在这里，后一家公司的经理就巧妙地运用了类比的技巧。虽然说这两家公司有很多不同之处，但有一点是相似的，即两家公司对工作人员或经理的处理完全是各公司的内部事务，与有没有诚意和对方合作无关。该经理就是抓住了这一相似点做比，从而告诉了对方所提要求的不合理之处，表达了对其诘难的反驳。

1956 年，在苏联共产党第二十次代表大会上，赫鲁晓夫做了"秘密报告"，揭露、批评了斯大林肃反扩大化等一系列错误，引起苏联人及全世界各国的强烈反响。大家议论纷纷。

由于赫鲁晓夫曾经是斯大林非常信任和器重的人，很多苏联人都怀有疑问：既然你早就认识到了斯大林的错误，那你为什么早先从来没有提出过不同意见？你当时干什么去了？你有没有参与这些错误行动？

有一次，在党的代表大会上，赫鲁晓夫再次批判斯大林的错误。

这时，有人从听众席上递来一张条子。赫鲁晓夫打开一看，上面写着："那时候你在哪里？"

这是一个非常尖锐的问题，赫鲁晓夫的脸上很难堪。他很难做出回答，但他又不能回避这个问题，更无法隐瞒这个条子，这样会使他丢面子，失去威信，让人觉得他没有勇气面对现实。他也知道，许多人有着同样的问题。更何况，这会儿台下成千双眼睛已盯着他手里的那张纸，等着他念出来。

赫鲁晓夫沉思了片刻，拿起条子，通过扩音器大声念了一遍条子上的内容，然后望着台下，大声喊道：

"谁写的这张条子，请你马上从座位上站起来，走上台。"

没有人站起来，所有的人心怦怦地跳，不知赫鲁晓夫要干什么。写条的人更是忐忑不安，后悔刚才的举动，想着一旦被查出来会有什么结局。

赫鲁晓夫重复了一遍他的话："请写条的人站出来。"

全场仍死一般地沉寂，大家都等着赫鲁晓夫的爆发。

几分钟过去了，赫鲁晓夫平静地说："好吧，我告诉你，我当时就坐在你现在的那个地方。"

面对当众提出的尖锐问题，赫鲁晓夫不能不讲真话。但如果他直接承认"当时我没有胆量批评斯大林"，势必会大大伤了自己的面子，也不合一个有权威的领导人的身份。于是赫鲁晓夫巧妙地即席创造出一个场面，借这个众人皆知其含义的场景来含蓄地给出自己的答案。这种回答既不损害自己的威望，也不让听众觉得他在文过饰非。赫鲁晓夫创造的这个场景还让所有在场者感到他是那么幽默风趣、平易近人。

俄国诗人马雅可夫斯基在一次演讲会结束后，与对他怀有敌意的发问者展开了争论。发问者说：

"您的诗太骇人听闻了，这样写诗是短命的，明天就会完蛋，您本人也会被忘却，您不会成为不朽的人。"

马雅可夫斯基答道："请您过1000年再来，那时我们再谈吧。"

问者又说："您说，有时应当把沾满'尘土'的传统和习性从自己身上洗掉，那么您既然需要洗脸，这就是说，您也是肮脏的了。"

马雅可夫斯基回答："那么，您不洗脸，就认为自己是干净的吗？"

问者又说："您的诗不能使人沸腾，不能使人燃烧，不能感染人。"

马雅可夫斯基答道："我的诗不是大海，不是火炉，更不是鼠疫！"

这段话引起了人们长时间的掌声和笑语。马雅可夫斯基巧妙地运用了类比的手法，使自己的反驳充满了幽默感。马雅可夫斯基反驳了对方的观点，给唇枪舌剑的争辩添上了诙谐的情调。

反驳诘难无须从逻辑上来说明，那样你可能陷入一场无休止的争论之中。聪明人会用类比的方式，找一个相似的事物所具有的属性或特点，来证明对方诘难的荒谬。这是一种以曲为直的方法，在达到反驳目的的同时，让对方也能心平气和地接受你的观点。

# 引申归谬巧妙地反驳

《樗斋雅谑》中说到这么一个故事：

一个人的母亲死了，服丧时偶然吃了一次红米粉，被一个迂腐的书生看到。书生大为不满，指责这个人是不肖子孙。那人问他为何？他说红色是喜庆的颜色。那人反驳说："既然这样，那么大家天天吃白米饭，岂不是天天服丧吗？"

一句话，言简意赅，使人看到了书生的荒唐。那反驳书生的人使用的就是引申归谬法。归谬法是以对方的论点为前提，将其推论出非常明显的荒谬结论，从而驳倒对方。

苏东坡的《志林·泛与欧公语》一文里，记载了苏东坡与欧阳修的一段对话，其中引申归谬法的运用十分精彩。

欧阳文公说：有一位病人，医生问他得病原因，回答说，乘船时遇上大风，受惊吓而得病。医生就取多年的舵把子，上面浸透了舵工的手心汗，刮下细木屑，加上丹砂、茯神等药，为他治病，喝下去就好了。现今的《本草·别药性论》上说止汗用麻黄根节，以及旧的竹扇子刮末入药。文公因此说：中医以意用药多类似这样做法；初看很像儿戏，然而有时也很灵验，恐怕也不容易问出个所以然来。我（指苏东坡）便对先生说：照这样说来，用笔墨烧灰给读书人喝下去，不是可以治昏惰病了吗？推而广之，那么喝一口伯夷（孤竹君之子，与其弟互相推让王位）的洗手水，就可以治疗贪心病了；吃一口比干（商纣王淫乱，比干谏而死）的残羹剩汁，就可以治好拍马屁的毛病；舐一舐刘邦的勇将樊哙的盾牌，可以治疗胆怯病；闻一闻古代美女西施的耳环，可以除掉严重的皮肤病。先生听了便哈哈大笑。

可见归谬法的意义非同一般。

鲁迅先生在《文艺的大众化》一文中，驳斥"文学作品的质量越高知音越少"的谬论时，用的就是归谬法。"倘若说，作品越高，知音越少，那么，推论起来，谁也不懂的东西，就是世界上的绝作了。"显然，这个结果是非常荒谬的，因此"作品愈高，知音愈少"的荒谬性就充分暴露出来了。

归谬法犹如一面显示谬误原形的放大镜，能使人们对错误的论点或论据看得更清楚，因而常常为人所采用。引申归谬是一种反驳的手段，但绝不是生硬的反驳，而是绕个圈子，用类似事物来表明对方观点的不正确。

## 数字说话让对方信服

有那么几年，世界各地的飞机经常失事，这对于经常外出旅行讲学的学者来说，感到恐惧万分。

有一天在航空公司买机票时，有人开玩笑地向一位职员说："这样常常失事，哪天被我碰上了，可就糟了，我看我还是自己开车子，长征讲学吧！"

这位职员不以为然地说："先生，因为飞机失事是一件太严重、太不寻常的事，所以难得一次便惊坏了旅客。其实，飞机出事的比率，比起中奖券还要困难得多，简直百万分之一都不到。"

"奖券也期期有中呀！难道飞机失事也班班有？"

"不可能，不可能，飞机引擎头几年，故障的概率更是相对很小，正确地说，飞机失事比率十亿分之一都不到。"他充满自信地解释。

这样一说明，用数字一比方，乘客镇定了，不安全感一扫而空，这乃是"数字"的魔术。

这位先生利用数字魔术的心理作战的高度技巧不得不令人佩服。

在推销活动中，客户对推销员天然地存在一种怀疑心理。这时候如果推销员能够拿出一系列统计数字，用数字来说话，相对来说就能更容易地说服客户。

常州标业机械厂一位推销装载机的推销员劝说河南密县一位开汽车跑运输的个体户："把汽车卖掉再添几万元买台装载机。"个体户问为什么，推销员就给顾客算账："密县煤矿多，用装载机的地方多，但装载机很少。买一台机器出租，一小时租金不低于60元，一天收入约500元，这样8个月左右就可以收回成本。"结果这位个体户立即改弦更张，不跑运输了，当年就从推销员手中买了3台装载机。

用数字来做生意的方法不失为一种很好的策略。"花一角多钱，就能让您的居室铺上地毯，您信吗？"当推销员这样告诉顾客，引来的将不仅仅是好奇。这也是推销中的一项技巧。

在一个地毯商店里，一位顾客进来看了看后，指着一块地毯向营业员询问价钱。营业员回答道："每平方米24.8元。"顾客听后走了。这整个过程恰好被营业主管看到，望着顾客远去的背影，主管对营业员说："顾客问价时，你可以这样回答：'使您的卧室铺上地毯，只需一角多钱。'"接着，主管向带着疑惑神情的营业员解释道："这样回答顾客有两个好处，一是利用顾客的好奇心吸引顾客的注意力，然后你就向顾客介绍产品；二是使顾客觉得价钱很便宜。"至于为什么"使卧室铺上地毯只需花一角多钱"，主管又解释道："卧室大约 10 平方米，每平方米价格 24.8 元，但地毯可铺 5 年，每年 365 天，这样每天的花费不就是 1 角多钱吗？"

在这里，这位主管运用了一种简单的技巧——"用数字说话"。

在求职的时候，用数字说话也有其很好的作用。数字更具说服力，例如把"接管了一个问题成堆的地区，开发出新的客户服务项目及市场营销技巧"，说成"接管了一个问题成堆的地区，开发出新的客户服务项目及市场营销技巧，并于两年内将市场占有率从 48% 提高至 65%"，你会发现后一种表达更具说服力。

例如为公司增加了利润和收益、节约了费用和时间、扩大了客户群、降低了员工流失率、提高了生产率、改进了产品质量、增加了公司知名度、削减了库存、建立及改进了工作流程等，用具体数字加以说明，更可以展现你业绩的卓著。同简单表示"提高了生产能力"的应聘者相比，一个在"半年内将部门的工作成绩提高 50%"的人无疑会更令人印象深刻。另外，"在一个有 25 名人员的部门担任经理"同"曾经担任过经理"相比，前一种陈述能更好地证明你的能力。

## 及时改口补言语失误

说话是没有草稿的，虽然有的人会在说话之前先梳理一下思路，但总比不上拿着稿子念，因此言语上的失误在所难免。碰到言语失误怎么办呢？很多人不知所措，这样就容易出现使大家都感觉非常尴尬的沉默。其实，善于说话的人知道话已出口，赖是赖不掉的，为了让听者对自己更有好感，会马上调动自己所有的才学来补救。

三国时候，司马昭和"竹林七贤"之一的阮籍有一次同时上朝，忽然有侍者前来报告："有人杀死了自己的母亲！"阮籍向来放荡不羁，这时信口说道:"杀父亲也就罢了,怎么能杀死母亲呢?"此言一出,满朝文武大哗,认为他抵牾孝道。阮籍也意识到自己措辞不当,说不定会招来杀身之祸。

阮籍就是阮籍,他脑袋一转,连忙解释道:"我的意思是,禽兽知其母而不知其父,杀父就如同禽兽一样,杀母呢?就连禽兽也不如了。"一席话说得面面俱到,众人无可辩驳,阮籍自己也免遭了杀身之祸。

阮籍巧妙地引用了一个比喻,在众人面前不知不觉更换了题旨,平息了众怒。

"人有失足,马有乱蹄",在人际交往过程中,我们经常会遇到类似的说错话的时候。即使如战国时候的辩才张仪,也有陷入词不达意的尴尬的记载。虽然言语失误的原因各不相同,但后果相同:贻笑大方,或者引起纠纷。而如果能及时补救,结果可能就是另一个样子。当然,这需要说话者冷静、机智,随机应变。

美国前总统里根一次访问巴西的时候,由于旅途劳累,在欢迎宴会上居然闹出了这样的笑话:"女士们,先生们!今天,我为能访问玻利维亚和面对她的人民而感到高兴。"顿时场内一片寂然,众人面面相觑,不明就里。有人低声提醒总统说溜了嘴,里根忙改口道:"很抱歉,我们是不久前访问过玻利维亚。"尽管当时他并未去过玻利维亚,但听众还没有反应过来,他的口误就已经淹没在他接下来滔滔不绝的大论中了。

及时改口,是补救言语失误的妙法。只要及时发现错误,及时想出相关对策,就能掩饰言语失误,避免出丑或者让别人不高兴。

勇于承认错误的人永远都是受欢迎的,以真诚检讨来赢得宽容,比遮遮掩掩、文过饰非要高明得多。当你不小心说错话了,不妨公开承认并及时补救,相信大家都会理解并赞赏你的机智的。

当然,补救言语上的失误不能拘泥于一种形式,应该视场合不同而采取不同手段,灵活运用,才能百战百胜。

# 触及他人痛处要急救

每个人都有自己的忌讳，人人都讨厌别人提及自己的忌讳。与他人对话时，必须要看清对方的短处，不要将话题引到这上来，以免招来对方怨恨，特别是在开玩笑的时候。虽然大多时候，人们开玩笑的动机是良好的，但如果不把握好分寸、尺度，就会产生一些不良的后果。所谓"说者无心，听者有意"。因此，掌握说话艺术需要我们在生活中多观察、多总结，避开别人的痛处，这样才能够准确恰当地与他人沟通。

在某学生寝室，初到的新生正在争排大小。小林心直口快，与小王争执了半天，见比自己小几日的小王终于同意排在最末，便说道："好啦，你排在最末，是咱们寝室的宝贝疙瘩，你又姓王，以后就叫你'疙瘩王'啦。"说者无心，听者有意，原来小王长了满脸的青春痘，每每深以为恨，此时焉能不恼？

小林见又惹来了风波，心中懊悔不已，表面上却不急不恼，巧借余光中的诗句揽镜自顾道："'蜷在两腮分，依在耳翼间，迷人全在一点点'。唉，这真是'一波未平，一波又起'呀！"小王听了，不禁哑然失笑——原来小林长了一脸的雀斑。

小林机智地化解了尴尬的场面，其智慧令人叹服。无意中弄痛了对方，那就对着自己的某个痛处猛烈开火，常会使对话妙趣横生，又能化解自己触到别人痛处的尴尬。

有时候，我们可能会在有意无意中，触到他人的痛处，使谈话或者场面出现难堪，采用自我调侃的方式也是一个很好的缓和方法。

当我们不小心触及他人的痛处的时候，不妨也像这位同学那样，不要死要面子，调侃调侃自己，用真诚的语言来表达自己的歉意，这样对方的心里也能感到释然。

如果我们在说话时不小心触到别人的痛处，一定要及时挽回，这才是人际相处之道。以下是我们在说话时要注意的：

（1）要事先了解别人的痛处、忌讳在什么地方。

（2）说话的时候绷紧一根弦，时刻注意不提到敏感的话题。即使对方提出来了，也只能敷衍两句，不能趁机高谈阔论一番，自以为是地附和对方。一些人在开自己玩笑时，是他的幽默方式，但这个玩笑的附和者只能是他自己，而不是听众。

（3）如果不慎戳到了别人的痛处，要赶快不露声色地弥补。其中最好的办法是说出自己的类似缺陷，这样大家就"平等"了。

# 第十一章
## 说服口才

# 发现对方弱点

当你想改变一个人做某一件事的方法，将新方法推荐给他时，他不一定愿意采用你的新方法，他会感觉还是老方法好。即使你是上司，也要记得，说服总比强迫好，用说服的方法会使你得到更大、更长远的好处。

你的目的不外是让他抛弃他的旧思想，接受你的新思想，但是除非他完全相信你的新方法好于他的旧方法，而且还能给他带来更大的好处，他才可能放弃他的旧思想，接受你的新思想。为了使别人更顺畅地接受你的思想，要引导他客观地、实事求是地检查他自己的情况，以便于你指出并暴露他的弱点。

当你发现了对方弱点的时候，你就可以用这个弱点说服他接受你的观点。当他明白那确实是他的弱点的时候，他就会敞开胸怀接受你的建议。当你想说服某人接受你的观点时，最好是先让他开口说话，让他替他自己的情况辩护。但你心里清楚你占有优势，这样，他说着说着就不可避免地要暴露出自己的弱点，你可以用这些弱点攻破他的防线，但最好还是让他自己发现自身的弱点。

你怎么才能让他透露他的观点呢？不妨向他提出一些主要的问题。为了帮助你尽快掌握这种方法，让我们听听一家大公司的企业关系部主任谢利·贝内特女士是怎么说的。

"如果我的一个新计划或者一种新思想遭遇一个雇员的阻力，我总会想方设法听听他的意见。"贝内特女士说，"他的意见总能给我一些提示，让我找到向他发问的门路。因为他在谈话中，会多多少少暴露出一些弱点，实际上，他也知道这些弱点，但这些弱点对我都是大有帮助的。我请他把反对理由的要点再考虑几次，然后通过询问他还有什么其他想补充的以发掘更多的情况。

"通过询问一系列的问题，我能够得到他认为是重要的各种情况。在宣布我的主张之前，我要告诉他我对他的观点很感兴趣。一开始我让他多讲话，但绝不能让他操纵这次对话。我要通过提问来控制形势，我越问，他的话就会越少，到后来就会张口结舌。这样，我就完全掌握了主动权。如果你想确保你的思想方法战胜他的思想方法，你就让他设身处地地发现他自己的弱点，那样他就会心甘情愿地接受你的观点了。"

你也可以像贝内特女士那样做，如果你让说服对象先发表他们的看法，他们就会暴露他们的思想，从而你就会发现他们的弱点。当他们意识到自己在谈话中有漏洞的时候，就会更愿意接受你的观点。

当然，如果你发现他的旧方法比你的新方法更好，则应保留旧方法而丢弃你的新方法，其结果依然对你有利。

## 巧用指桑骂槐

指桑骂槐（漂亮的别名叫"春秋笔法"），即明明对某人某事不满，但并不直接进行攻击，而是采用迂回的方式表露自己的意愿。

有个人在朋友家做客，天天喝酒，住了很久还没有启程之意，主人实在感到讨厌，但又不好当面驱逐。

一次两人面对面坐着喝酒，主人讲了这么一个故事："在偏僻的路上，常有老虎出来伤人。有个商人贩卖瓷器，忽然遇见一只猛虎，张着血盆大口扑了过来。说时迟，那时快，商人慌忙拿起一个瓷瓶投了过去，老虎不离开，又拿起一个瓷瓶投了过去，老虎依然不动。一担瓷瓶快投完了，只留下最后一个，于是他手指老虎高声骂道：'畜生畜生！你走也只有这一瓶，你不走也只有这一瓶！'"

客人一听，随后就走了。

主人明说老虎暗指客，这种暗示性的警告达到了逐客的效果，避免了主客的正面交锋。

对于某些人的愚蠢行为，通常应该直言不讳，立马制止，然而，在某种特殊情况下对某些特殊人物，直接进行口舌交锋，往往达不到你要的效果。此时，指桑骂槐的说服手法就派上用场了。

当一个上司要责备属下时，也可以使用这种技巧。譬如，虽然你明明是要责备乙的不是，但你并不正面指责，而以指桑骂槐的方式来责备甲，因为此时你若是责备乙，乙的心里必感到难受，对日后的改进不见得就会有效，何况你们二人之间尚有一段距离。

但是为何又要责备甲呢？因平时你与甲之间已不存在隔阂，即使甲也犯了同样的过错而受到上司的指责，也不会感到十分在意。但是，因为当时乙也在场，他听后心里会想"原来这样的过错我也犯过"，于是乎你的目的便已达到。

等到乙反应过来时，乙也绝不会认为"反正这是别人的错，不关己事"，反而会因为"原来上司是在说我，但他并不责骂我，反而责骂他人来顾全我的脸面"而感激不尽。

指桑骂槐的指责方式，对下属是很奏效的。

指桑骂槐的好处，在于不直接针对具体对象，然而通过故事的情境性，又能转换出受众对强调之物的感受性——所谓说的是那里的闲话，指的其实是这里的事情。

## 诱导对方点头

一个人的思维是有惯性的，当你朝某一个方向思考问题时，你就会倾向于这个方向一直考虑下去，这就是为什么有些人一旦沉醉于某些消极的想法之后，就一直难以自拔的道理。在人际交往中我们应懂得并善于运用这一原理。与人讨论某一问题时，不要一开始就将双方的分歧亮出来，而应先讨论一些你们具有共识的东西，让对方不断说"是"，渐渐地，你开始提出你们存在的分歧，这时对方也会习惯性地说"是"，一旦他发现之后，可能已经晚了，只好继续说"是"。

日本有个聪明绝顶的小和尚，他的名字可谓家喻户晓：一休。有一次，大将军足利义满把自己最喜爱的一个龙目茶碗暂时寄放在安国寺，没想到被一休不小心打碎了。就在这时，足利义满派人来取龙目茶碗。

大家顿时大惊失色，不知所措，茶碗已被一休打碎，拿什么去还呢？

一休道："不必担心，我去见大将军，让我来应付他吧！"

一休对大将军说："有生命的东西到最后一定会死，对不对？"

足利义满回答："是。"

一休又说道："世界上一切有形的东西，最后都会破碎消失，是不是？"

足利义满回答："是。"

一休接着说："这种破碎消失，谁也无法阻止是不是？"

足利义满还是回答："是。"

一休和尚听了足利义满的回答，露出一副很无辜的神情接着说："义满大人，您最心爱的龙目茶碗破碎了，我们无法阻止，请您原谅。"足利义满已经连着回答了几个"是"，所以他也知道此事不宜再严加追究了，一休和尚和外鉴法师便这样安然地渡过了这一难关。

在说服中，可以先巧设陷阱，在对方没有防备的情况下，诱其说"是"。让对方多说"是"的好处就是使对方在不知不觉中一步步坠入圈套，这时候你便牵住了他的"牛鼻子"，对方于是不得不就范。

促使对方说"是"的方法很多，最简单的方法就是以双方都同意的事情开始谈话，这样就可以让对方多说"是"，少说或不说"不"。

很多人先在内心制造出否定的情况，却又要求对方说"好"并表现出肯定的态度，这样做是不可能让对方点头的。假如你要使对方说"好"，最好的方法是制造出他可以说"好"的气氛，然后慢慢诱导他，让他相信你的话，他就会像是被催眠般地说出"好"。

换句话说，你不要制造出他可以表示否定态度的机会，一定要创造出他会说"好"的肯定气氛。

迫使对方点头称"是"的妙方：

（1）从双方都同意的事情开始谈话，这样就可让对方多说"是"。

（2）制造出一种可以说"是"的氛围，然后慢慢诱导他。

（3）在你向对方发问，而对方还没有回答前，你要先点头称"是"。

# 第十二章
## 赞美口才

# 赞美不同，效果更佳

当一个人处在众口一词的赞美中时，往往不再把这种同一内容的赞美当回事，这时，如果你能找到别人都忽视了的优点来赞美，就必然能引起这个人的注意。因为人总是希望别人能尽可能多地发现自己的优点。

为了突出与众不同，给人留下深刻的印象，说话讨人喜欢的人的赞美往往是独特的。比如对一个健美冠军，他不会去赞美其长得真健壮、真美，因为可能电视、广播、报纸都已介绍过了，且电台、广播、报纸的赞美不比我们的赞美更让人激动吗？此时，他会挖掘对方的不明显的优点去加以赞美，比如赞美他的烹调手艺等。爱因斯坦就这样说过，别人赞美他思维能力强，有创新精神，他一点都不激动，他作为大科学家，听这类话都已听腻了，但如果谁赞美他小提琴拉得真棒，他一定会兴高采烈。

说话讨人喜欢的人，他的赞美从来不跟在别人后面，人云亦云，而是竭力去挖掘别人一些不为人知的优点，表现其赞美的独特性，让人得到一些新的刺激，这样效果反而更好。

学会寻找和发现别人与众不同的成绩和长处，你的赞美也要巧妙地与众不同；经常既恰到好处又实事求是地赞美别人，别人就会喜欢你，你就容易得人心，同时也是你对自己的认可。

真正会说话的人的赞美表现为独具慧眼。独具慧眼的赞美者善于发现被赞美者别人发现不到的优点、长处。比如，面对一幅油画作品，几乎所有的人都异口同声地叹道："真是太绝了！""我再练10年恐怕也赶不上！"油画家对这样的恭维早就习以为常了。独有一位慢慢地说道："常言说，画如其人。您的画运笔沉稳，是和您刚正不阿的禀性、对人生与社会的深刻思考分不开的。这是您跟一般画家比最大的不同点，也是最大的优点。"谈画论人，在行在理，独辟蹊径，巧妙地换了个新角度，令人耳目一新。他的赞美与众不同，技高一筹，非常讨画家喜欢。

小杜是学校里出了名的"歌星"，每次晚会或其他娱乐活动都少不了他的歌声。

在一次元旦晚会上，他又成功地演唱了一首歌，表演完后，台下一片喝彩声。回到观众席，大家对他的歌声还在赞不绝口。这时一个师弟对他说：

"师兄，你的舞也和你的歌一样棒啊！刚才看你在台上的舞姿，觉得你跳舞肯定也很厉害！"

听惯了别人称赞自己唱歌好的小杜头一回听人如此关注并称赞他的舞蹈，自然非常开心，就故作谦虚地说自己不太会跳舞，长项还是唱歌。这时，师弟马上接上他的话：

"对呀，师兄的歌喉真是没得说。有空教教我吧。"小杜在愉快的心情中欣然应允。

这位师弟没有把小杜被公认的唱歌水平拿来赞美，而是夸他的舞一定也跳得很好，一下子吊起了他的胃口，让他心里十分舒服，很爽快地答应了师弟的要求。

肤浅的赞美让人感到乏味与空洞，受到你赞美的人也丝毫引不起一种荣耀，并会因为你的言语而产生一种不安与困惑；而独具慧眼的赞美让人觉得你看到了被赞美对象的实质，你确确实实对被赞美者产生了认同感，而被赞美者也对你的一双慧眼报以信赖，产生了与你积极沟通与交流的愿望。

## 赞美女孩，注重优点

夸赞女孩子漂亮、可爱当然可以获得女孩子的欢心，但现代社会中的女性地位大大提高，"女人能顶半边天"。女孩子们也普遍有"我能干"的强烈愿望。如果能找到她们能力上的优点予以称赞，她们会非常高兴的。

一次，小蒙去银行取钱，人很多，年轻漂亮的女职员忙个不停，有点不耐烦，看起来她心情不是很好。小蒙很想跟她交谈，怎么开口呢？

观察了一会儿，小蒙发现了女孩的优点。轮到他填取款单时，他边看她写字边称赞说：

"你的字写得真漂亮！现在像我们这样的年轻人，能写这么一手好字的人，确实不多了。"

女职员吃惊地抬起头，听到顾客的称赞，她心情好了点，但又不好意思地说：

"哪里哪里，还差得远呢！"

小蒙认真地说："真的很好，看上去你像练过书法，我说得对吗？"

"是的。"

"我的字写得一塌糊涂，能把你用过的字帖借给我练练字吗？"

女职员爽快地答应了，并约好了下午到办公室来取。一来二往，两人有了感情，并最终结成了良缘。

当然，在夸女孩子有能力的时候，必须是由衷的，有人在夸赞女孩子能力时往往表现出漫不经心："你的文章写得很好""你的这件事办得不错""你唱的歌很好听"……这种缺乏热诚的空洞的称赞并不一定能使女孩子感到高兴，有时甚至会由于你的敷衍而引起对方的反感和不满。

真正聪明的人在称赞女孩子能力时，则尽可能热情些、具体些。比如，上述3种情形，他会分别说："这篇文章写得很好，特别是后面的这一问题很有新意"，"这件事情办得不错，让我们学了一招"，"你的歌唱得不错，不熟悉的人没准儿还以为你是专业演员呢"。这种充满了真诚、自然的赞美，无疑会使女孩子愉快地接受。

聪明人也会用赞美来鼓励，以此树立女孩子的自尊心。有的女孩子因第一次干某种事情，所以干得不好，不管她有多大的毛病，都应该说："第一次有这样的成绩就不错了。"对第一次登台、第一次比赛、第一次写文章、第一次……的人，这种赞扬会让女孩子记一辈子。

因此，在适当的场合，千万不要吝啬你的赞美。

## 如何恭维，不为拍马

如果今天一大早就有人夸你"衣着得体，非常漂亮，有精神"，那么你一天的学习、工作状态一定很好吧。看来小小的一句恭维话有时也起了很大的作用，可以迅速拉近人与人之间的距离，能够得到别人的喜爱，也可以给他人信心、快乐。

然而生活中，一些人偏偏学不会或不屑恰当地去恭维、赞美他人。下级赞美领导，被认为是"拍马屁"；男士赞美女士，被认为"心怀不轨"，这些都是原本不必要的思想。谁都想要得到别人的肯定与赞同，为什么不试着去赞美一下别人呢？

要恭维他人，先要选好恭维的话题，不可过分夸张，更不能无中生有。对于青年客户，恭维他年轻有为、敢于开拓；对于中年客户，恭维他经验丰富、见多识广。这些都是恰如其分的，如果赞美一中年妇女活泼可爱、单纯善良可能就会不伦不类，弄不好还会招致臭骂。

清朝的中堂大人李鸿章，位高权重，文武百官都想讨他欢心，以便使他多多提携自己，能升个一官半职，也好光宗耀祖。这一年，中堂大人的夫人要过五十大寿，这自然是个送礼的大好时机，寿辰未到满朝文武早已开始行动了，生怕自己落在别人后面。

消息传到了合肥知县那里，知县也想送礼，因为李鸿章祖籍合肥，这可是结攀中堂大人的绝好时机。无奈小小的一个知县囊中羞涩，礼送少了等于没送；多送吧，又送不起，这下可把知县愁坏了。思来想去拿不定主意，于是请师爷前来商量。

师爷看透了知县的心思，满不在乎地说："这还不好办，交给我了。保准您一两银子也不花，而且送的礼品让李大人刮目相看。"

"是吗？快说送什么礼物？"知县大喜过望，笑成了一朵花。

"一副寿联即可。"

"寿联？这，能行吗？"

师爷看到知县还有疑虑，便安慰他："您尽管放心，此事包在我身上，包您从此飞黄腾达。这寿联由我来写，您亲自送去，请中堂大人过目，不能疏忽。"

知县满口答应。

于是第二天，知县带着师爷写好的对联上路了。他昼夜兼程赶到北京，等到祝寿这一日，知县报了姓名来到李鸿章面前，朝下一跪："卑职合肥知县，前来给夫人祝寿！"

李鸿章看都没看他一眼，随口命人给他沏茶看座，因为来他这里的都是朝廷重臣，区区一七品知县，李鸿章哪能看在眼里。

知县连忙取出寿联，双手奉上。

李鸿章顺手接过，打开上联：

"三月庚辰之前五十大寿。"

李鸿章心想：这叫什么句子？天下谁人不知我夫人是二月的生日，这"三月庚辰之前"岂不是废话。于是，李鸿章又打开了下联：

"两宫太后以下一品夫人。"

"两宫"是指当时的慈安、慈禧，李鸿章见"两宫"字样，不敢怠慢，连忙跪了下来，命家人摆好香案，将此联挂在《麻姑上寿图》的两边。

这副对联深得李鸿章的赏识，自然对合肥知县另眼相待，称赞有加。而这位知县也因此官运亨通了。

一副对联既抬高了李鸿章夫人的地位，同时又做到了不偏不倚，没有盲目哄抬。

要恭维他人，就要善于体察人心，了解对方的迫切需要，每个人都是愿意听好话的，只要你恭维得有分寸，不流于谄媚，不伤人格，定会博人欢心。恭维人的话不能过多，多了对方会不自在，觉得你是虚情假意、逢场作戏，因此而不信任你。恭维过多也不利于交谈，在谈话中频频夸对方"好聪明""好有能力"，对方频频表示客气，往往使谈话无法顺利进行。

恭维对方本身不如恭维他的成绩。比如恭维对方容貌就不如恭维他的品位与能力。因为容貌是天生的，是爹妈给的，无法改变的，而品位与能力是自己后天养成的，表明了自己的价值，是自身的成功。

恭维话要有新意。不要总空洞无物地夸对方"好可爱""好聪明"，应当有自己的看法与见地。夸别人这件衣服好看，就不如夸她的上衣与裙子的搭配非常巧妙，非常合适，整体效果好。

陌生人刚见面时，可以先恭维他的名字有新意、有内涵，以此拉近距离，展开下面的对话。这种方法可以让人觉得你很友好，很重视他，愿意和他交谈。

留心对方的反应，当对方对你的恭维显得不自在或不耐烦时，就要适可而止了。

## 赞人独特，更为独特

"喜新厌旧"是人们普遍具有的心理。陈词滥调的赞美，效果不会太好；新颖独特的赞美，则使人回味无穷。

1. 给人耳目一新的语言

赞美是所有声音中最甜蜜的一种，赞美应该给人一种美的感受。新颖的语言，是有魅力的，也是有吸引力的。简单的赞扬也可能是振奋人心的，但是一种本来是不错的赞扬如果多次单调重复，也会显得平淡无味，甚至令人厌烦。一个女人曾说过，她对别人反复告诉她，说她长得很漂亮，已经感到很厌烦，但是当有人告诉她，像她这样气质不凡的女人应该去演电影，给世界留下一部电影的时候，她笑了。

2. 不一样的角度

一些人在公共场合赞美别人时，自己想不出怎样赞美，只能跟着别人说重话，附和别人的赞美。

常言道："别人嚼过的肉不香。"朱温手下就有一批鹦鹉学舌拍马的人，一次，朱温与众宾客在大柳树下小憩，独自说了句："好大柳树！"宾客为了讨好他，纷纷起来互相赞叹："好大柳树。"朱温看了觉得好笑，又道，"此大柳树可做车头"，实际上柳木是不能做车头的，但还是有五六个人互相赞叹："好做车头。"朱温对这些鹦鹉学舌的人烦透了，厉声说："柳树岂可做车头！我见人说秦时指鹿为马，有甚难事！"于是把说"可做车头"的人抓起来杀了。

每个人都有许多优点和可爱之处。赞扬要有新意，当然要独具慧眼，善于发现一般人很少发现的"闪光点"和"兴趣点"，即使你一时还没有发现更新的东西，也可以在表达的角度上有所变化和创新。

对一位公司经理，你最好不必称赞他如何经营有方，因为这种话他听得多了，已经成了毫无新意的客套了。倘若你称赞他目光炯炯有神，风度潇洒大方，他反而会更受感动。

某将军屡战屡胜，有人称赞他："你真是个了不起的军事家。"他无动于衷，因为他认为打胜仗是理所当然的事。而当那人指着他的鬓须说："将军，你的鬓须真可与美髯公相媲美。"这次，将军欣然地笑了。

赞美的角度很重要，新颖的角度将起到事半功倍的效果。

3. 新鲜的表达方式

赞美他人，在表达方式上是可以推陈出新、另辟蹊径的。

富兰克林年轻时，在费城开一家小小的印刷所。那时，他参加了宾夕法尼亚州议会的选举。在选举前夕，困难出现了。有个新议员发表了一篇很长的反对他的演说，在演说中，竟把富兰克林贬得一文不值。遇到这么一个出其不意的敌人，是多么令人恼火呀！该怎么办呢？富兰克林自己讲述道：

"对于这位新议员的反对，我当然很不高兴，可是，他是一位有学问又很幸运的绅士。他的声誉和才能在议会里颇有影响。但我绝不对他表现出一种卑躬屈膝的阿谀奉承，以换取他的同情与好感。我只是在隔数日之后，采用了一个别的适当的方法。

"我听说他的藏书室有几部很名贵，又很少见的书。我就写了一封短信给他，说明我想看看这些书，希望他慨然答应借我数天。他立刻答应了。"

富兰克林用一种不露痕迹的赞美方式，赞美新议员，恰如润物细无声。

有一部国外的电视连续剧，父亲走入厨房看到女儿做饭菜，他对女儿说："如果没有你做的美味饭菜，就像天上没有星星那么遗憾。"女儿露出了特别快乐的笑容。

表达赞美的方式有很多，要针对不同人、不同场合、不同时间选择最为恰当的方式。选择赞美方式时，既要考虑表达方式的新意，又要考虑对方的感受及最后的效果，综合去思考，将收到良好的效果。

# 第十三章
# 幽默口才

## 让幽默增添自身的魅力

所有的人都会年华渐逝，红颜不再。但岁月只能风干肌肤，而睿智和幽默的魅力不会减去分毫。

乔羽不但歌词写得好，而且话也说得妙，乔羽的幽默诙谐、能"侃"会说在京城文艺圈内久负盛名。

据报载，某年6月中旬，中国民族声乐比赛初评在武汉举行，乔羽是评委之一。在有火炉之称的武汉一天三班地连续听录音，对65岁的乔羽可不轻松。为了解闷，乔羽不断地抽烟，一边抽还一边念念有词："革命小烟天天抽。"也是评委的歌唱家邓玉华为乔羽补充了3句，成了一首打油诗："革命小烟天天抽，遇到困难不犯愁；袅袅青烟佛祖嗅，体魄康健心长愁。"乔羽听罢，微微一笑，他联想到邓玉华每餐节食的情景，也回敬了一首："革命小姐天天愁，腹围过了三尺九；干脆天天吃肥肉，明天又到四尺九。"众人听后都捧腹大笑，连日来的劳累烟消云散。

乔羽不是美男子，由于头发稀少，不熟悉他的人，往往容易将65岁的乔羽判断为七八十岁的老人。但乔羽从未感到自己老了，他说："我从18岁就开始脱发了，看来是不会再长了，索性毛全掉光，成了老猴子，倒用不着理发了。我心里从没有感到老。年龄是你的一种心理上的感受，你觉得自己老了，即使年轻也就真的老了；你觉得自己还年轻，即使老了你也还年轻。"这段话充分展示了乔羽乐观向上的精神面貌，他善于幽默自己，他用自嘲的手法跟自己开起了玩笑，不言头发而称"毛"；并自喻"老猴子"，让人闻之不禁莞尔，而"倒用不着理发了"一句则在幽默之中透露出了乔羽的豁达心境。

幽默的魅力，仿若空谷幽兰，你看不到它盛开的样子，却能闻到它清新淡雅的香味；幽默的魅力，又如美人垂帘，人不能目睹美人之芳华，却能听到美人的声音，间或环佩叮当，更引人无限遐思……

启功先生的前半生可以说是充满坎坷和艰辛，1 岁丧父，母子二人便由祖父供养。10 岁祖父过世，家道中落，一贫如洗，再无钱读书，由于得到祖父门生极力相助，才勉强读到中学，但尚未毕业。由于个性坚强，不愿再拖累别人，便决心自谋生路。经祖父的门生傅增湘先生介绍，认识辅仁大学校长陈垣，经陈垣介绍，两次工作皆因没有文凭而被炒。但他没有绝望，一边靠卖字画为生，一边自学，最后终于在辅仁大学谋到一个教职。此后，在陈垣校长的耳提面命之下，取得长足进步。然而，命途多舛，1957 年又被错划为右派分子，直到 1979 年才得以平反……

经过无数人生历练的启功先生，不但在艺术上取得了非凡的成就，而且也在心灵上步入了大彻大悟之境，生命中充满着一种"身心无挂碍，随处任方圆"的大气和洒脱。

启功先生成名之后，便经常有人模仿他的笔墨在市面上出售。有一次他和几个朋友走在大街上，路过一个专营名人字画的铺子，有人对启功说："不妨到里面看看有没有您的作品。"启功好奇，大家就一起走进了铺子，果然发现好几幅"启功"的字，字模仿得也真够到家，连他的朋友都难以辨认，就问道："启老，这是您写的吗？"启功微微一笑赞道："比我写得好，比我写得好！"众人一听，全都大笑起来。谁知说话之间，又有一人来铺里问："我有启功的真迹，有要的吗？"启功说："拿来我看看。"那人把字幅递给他。这时，随启功一起来的人问卖字幅的人："你认识启功吗？"那人很自信地说："认识，是我的老师。"问者转问启功："启老，您有这个学生吗？"做伪者一听，知道撞到枪口上了，刹那间陷于尴尬、恐慌、无地自容之境，哀求道："实在是因为生活困难才出此下策，还望老先生高抬贵手。"启功宽厚地笑道："既然是为生计所害，仿就仿吧，可不能模仿我的笔迹写反动标语啊！"那人低着头说："不敢！不敢！"说罢，一溜烟地跑走了。同来的人说："启老，您怎么让他走了？"启功幽默地说："不让他走，还准备送人家上公安局啊？人家用我的名字，是看得起我，再者，他一定是生活困难缺钱，他要是找我借，我不是也得借给他吗？当年的文徵明、唐寅等人，听说有人仿造他们的书画，不但不加辩驳，甚至还在赝品上题字，使穷朋友多卖几个钱。人家古人都那么大度，我何必那么小家子气呢？"启功的襟怀比之古人，可以说是有过之而无不及。原来古人也是支持"盗版"的！

幽默是一种心境、一种状态、一种与万物和谐的"道"。

幽默的语言来自纯洁、真诚和宽容海涵般的心灵，是生命之中的波光艳影，是人生智慧之源上绽放的最美丽的花朵，是人们能够从你那里享受到的心灵阳光。幽默之魅力，如英国谚语所云："送人玫瑰之手，历久犹有余香。"

## 用诙谐的话语加深感情

有一句在校园流传的"课桌文学"诗写道："忍看朋辈成双对，怒向花丛觅小妞。"不论单身的朋友还是热恋中的男女，都应重视幽默在恋爱中的作用。

硕士美女李芊要结婚了，一向交友广泛的她，在身边众多男子中选择了王旭作为交换婚戒的对象。得知这个消息后，她的几个死党大感诧异，因为王旭既不是她最帅，也不是她最有钱的男友。

为什么是他？

李芊的嘴角向上扬起："简单，因为他最能让我笑！"

原来如此！他是以幽默感赢得了美人芳心，笑出婚姻，的确精彩。

那些在女人面前很"吃得开"的男人，不管长相如何，都有一套逗人发笑的本领。只要一与这种人接近，就可以立即感受到一股快乐的气息，使人喜欢与他为友。一个整天板着面孔，不苟言笑的"老古板"，是绝对不会受到女孩子们欢迎的。不少情感心理研究者认为，男人由于平时比女人话少，所以，男人的语言的分量就更被女人所注意。不少男人也正是利用幽默的手段来填补自己语言的匮乏，所以，他的魅力便永驻于人们对他的幽默的回味之中。

家庭中的夫妻争吵是一种普遍现象，不论是伟人还是普通人莫不如此，怨怒之中如果即兴来一两句幽默，往往会使形势急转而下。人们常说"夫妻没有隔夜的仇"，更多的时候都是这种豁达的幽默消除了隔阂。

男女朝夕相处，天天锅碗瓢盆，始终举案齐眉、相敬如宾反而是一种不正常的现象，有人戏称之为"冷暴力"。小吵小闹有时反会拉近夫妻间的距离，同时也使内心的不满得以宣泄，如果再佐之以幽默、机智的调侃，无疑使夫妻双方得到一次心灵的净化，保证了家庭生活的正常运行，请看下面这几对夫妻的幽默故事。

**（一）**

驾车外出途中，一对夫妻吵了一架，谁都不愿意先开口说话。最后丈夫指着远处农庄中的一头驴说："你和它有亲属关系吗？"妻子答道："是的，夫妻关系。"

**（二）**

妻子："每次我唱歌的时候，你为什么总要到阳台上去？"
丈夫："我是想让大家都知道，不是我在打你。"

**（三）**

新婚之夜，新郎问道："亲爱的，告诉我，在我之前，你有几个男朋友？"沉默。"生气了？"新郎想，过了片刻又问，"你还在生气？""没有，我还在数呢！"

**（四）**

结婚多年，丈夫却时时需要提醒才能记起某些特殊的日子。在结婚35周年纪念日早上，坐在桌前吃早餐的妻子暗示："亲爱的，你意识到我们每天坐的这两把椅子已经用了35年了吗?"丈夫放下报纸盯着妻子说:"哦,你想换一把椅子吗?"

(五)

亨利的妻子临睡前絮絮叨叨的谈话令他十分不快。一天夜里,妻子又絮叨了一阵后,吻别亨利说:"家里的窗门都关上了吗?"亨利回答:"亲爱的,除了你的话匣子外,该关的都关了。"

以上5则故事中的夫妻幽默均恰到好处地表达了自己怨而不怒的情绪。有丈夫对妻子缺点的抗议,也有妻子对丈夫多疑的抗议,但其幽默的答辩均不至于使对方恼羞成怒,妻子用夫妻关系回敬丈夫也是一头驴,用数不完的情人来指责新郎的无端猜忌,丈夫用巧言指责妻子的絮叨,这幽默的话语听上去自然天成,又诙谐动听。这些矛盾同样有可能发生在我们每一个家庭之中,有时却往往因为两三句出言不逊的气话而使矛盾激化。

许多夫妻都有过类似的经历,无谓的争吵随时都会发生,一旦发生又会因愤怒很快失去理智,直至闹得不可开交,甚至拳脚相加。我们常看到这种情景,在公共场合彬彬有礼的谦谦男子或女士,在家人面前同样也会为一些小事而大动肝火,有时即使是恩爱夫妻也不可避免,双方似乎都失去了理智,哪壶不开偏提哪壶,专揭对方的痛处、短处解气,唇枪舌剑,互不相让;及至冷静下来,才发觉争吵的内容原是那样愚蠢、无聊。殊不知忍一时风平浪静,退一步海阔天空,多用幽默少动气不是一样也可占尽心理上的优势吗?一家之主的男人应该以幽默博大的胸怀包容妻子的一切不满,这是上帝在亚当夏娃时代便定下的规矩。

总的来说,在两个人的世界里,幽默可以发挥令人意想不到的效果,它可以增进恋人之间的感情,调节气氛,制造亲切感,它还可以消除疲劳和紧张感,使两个人都能够轻松、快乐地面对生活。

# 巧用幽默化干戈为玉帛

幽默不仅能够活跃谈话的气氛，如果运用得好，还能化干戈为玉帛，就拿谈判来说，一般人都会认为，谈判是很庄重与严肃的。其实谈判中运用幽默技巧，可以缓和紧张形势，形成友好和谐的气氛，也就缩短了双方的心理距离，钝化了对立感。因此，幽默能使你在谈判中左右逢源，常常在"山重水复疑无路"时变得"柳暗花明又一村"。因为，谈判时具有幽默心理能使你情绪良好、充满自信，且思路清晰、判断准确。

谈判中要使自己进退自如，没有幽默力量帮助是难以达到预期的效果的。

1959 年，美国副总统尼克松访问苏联。在此之前，美国国会通过了一项关于被奴役国家的决议。赫鲁晓夫在与尼克松的会谈中激烈地抨击了这个决议，并且怒容满面地嚷道："这项决议很臭，臭得像马刚拉的屎，没什么东西比这玩意儿更臭了！"作为国家元首，这样的场合，这样的讲话有失体面。

尼克松曾认真地看过关于赫鲁晓夫的背景材料，得知他年轻时曾当过猪倌儿，于是盯着赫鲁晓夫，说："恐怕主席说错了。还有一样东西比马屎更臭，那就是猪粪。"

谈判桌上，赫鲁晓夫无所顾忌、出言不逊，好在尼克松幽默诙谐、暗藏机锋。否则，两人大吵大嚷，那么谈判就成了市井中的吵架、撒野了。

适度的幽默能够建立良好的气氛，让大家精神放松，进一步密切双边关系。这样就可以营造一个友好、轻松、诚挚、认真的合作氛围，对谈判双方来说，都是具有实质性意义的。

　　1943 年，英国首相丘吉尔与法国总统戴高乐由于对叙利亚问题的意见产生分歧，两人心存芥蒂。直接原因是戴高乐宣布逮捕布瓦松总督，而此人正是丘吉尔颇为看重的，要解决这一件令双方都颇为棘手的事，只有依靠卓有成效的会晤了。

　　丘吉尔的法语讲得不是很好，但戴高乐的英语讲得很漂亮。这一点，是当时戴高乐的随员们以及丘吉尔的大使达夫·库柏早就知道的。

　　这一天，丘吉尔是这样开场的，他先用法语说道："女士们先去逛市场，戴高乐及其他的先生跟我去花园聊天。"然后他用足以让人听清的声音对达夫·库柏说了几句英语："我用法语对付得不错吧，是不是？既然戴高乐将军英语说得那么好，他完全可以理解我的法语的。"戴高乐及众人听后哄堂大笑。

　　丘吉尔的这番幽默消除了紧张，建立了良好的会谈气氛，使谈判在和谐信任中进行。

　　每个人的脖子上都顶着不同的脑袋，人的思想也不可能相同。因此，当意见不一致时，要学会运用幽默来化解，避免让双方进入对话的死胡同，从而化干戈为玉帛。

# 第十四章
## 初次见面

# 与初识者寻找共同话题

所谓"酒逢知己千杯少"，两个意气相投的人在一起总觉得有说不完的话。因此，我们在和陌生人交往时，不妨多多寻求彼此在兴趣、性格、阅历等方面的共同之处，使双方在越谈越投机的过程中获得更多关于对方的信息，迅速拉近距离，增进感情。

美国耶鲁大学的一位教授在他的散文《人类的天性》当中写道：

在我8岁的时候，有一次到莉比姑妈家度周末。傍晚时分，有个中年人慕名来访，但姑妈好像对他很冷淡。他跟姑妈寒暄过一阵之后，便把注意力转向我。那时，我正在玩模型船，而且玩得很专注。他看出我对船只很感兴趣，便滔滔不绝地讲了许多有关船只的事，而且讲得十分生动有趣。等他离开之后，我仍意犹未尽，一直向姑妈提起他。姑妈告诉我，他是一位律师，根本不可能对船只感兴趣。"但是，他为什么一直跟我谈船只的事呢？"我问道。

"因为他是个有风度的绅士。他看你对船只感兴趣，为了让你高兴并赢得你的好感，他当然要这么说了。"

谈论别人感兴趣的话题能够很容易拉近人与人之间的距离。

谈论别人感兴趣的话题，对双方都有好处。不仅可以使人对你产生兴趣，钦佩你，而且可以使自己更关心别人，关心他人对自己的要求。对于这一点，下面的例子可以做证。

小何是一位铁杆球迷，有一次在去广州的火车上，她的同座是一位辽宁口音很浓的小伙子，闲来无事，小何和他侃起来。她得知他是辽宁人时故作惊讶，然后顺口赞美辽宁人的豪爽、够朋友，说她自己有好几位辽宁籍朋友，人特爽快。小伙子自然高兴，自报家门，说他叫李庆，是大连人，并说辽宁人是很讲朋友义气的，粗犷、豪放。而小何话锋一转，说辽宁人也很团结，特别是大连足球队，虽然每位队员都不是非常出色，但他们团结一致，奋力拼搏，经常取得好的成绩。恰巧李庆也是个球迷，两人直侃得天昏地暗，下车后互留了通信地址。在李庆的介绍下，小何认识了很多球迷，其中有一位就是她这次准备争取的客户。于是小何轻松地完成了这次推销任务，也为公司争取了一家大的客户，更值得高兴的是结交了许多朋友。

在与李庆交谈时，小何先是从"辽宁人"这个话题入手，然后转到"足球"这个两人都感兴趣的话题上，与对方越谈越投缘。经过一番"神侃"之后，两人很快加深了了解，成为好朋友，这层关系对小何完成任务提供了很大帮助。

两个人初次见面时，不知道对方的性格、爱好、品性如何，往往会陷入难熬的沉默与尴尬之中。这时我们应当主动地在语言上与对方磨合，等找到了对方的兴趣所在，就可以以此作为共同的话题，很快地拉近了距离。

## 与初识的人"一见如故"

在我们的一生中，经常可以遇到这种情况：必须和一群不认识的人打交道。打破与他们之间的界限，消除无形的隔膜，顺利地把自己的意见和思想传达、灌输给他们，使他们能欣然接受，并赞成拥护，甚至把他们变成自己的朋友，绝对需要不凡的智慧。

一见如故，相见恨晚，历来被视为人生一大快事。当今世界人际交往极其频繁，参观访问、外出考察、观光旅游、应酬赴宴、交涉洽商……善于跟素昧平生者打交道，掌握"一见如故"的诀窍，不仅是一件快乐的事，而且对工作和学习大有裨益。那么，如何才能做到"一见如故"呢？

美国是一个多族裔的移民国家，相互之间的交流极为重要。同时，美国的议会代议和全民选举体制，更要求人们能和不认识的人"一见如故"，推销自己的观点和想法。

威尔逊刚当选新泽西州州长后不久，有一次赴宴，主人介绍说他是"美国未来的大总统"，这本来是对他的一种恭维，而威尔逊又是怎样回应的呢？首先威尔逊讲了几句开场白，之后接着说："我转述一则别人讲给我听的故事，我就像这故事中的人物。在加拿大有一群钓鱼的人，其中有一位名叫约翰逊，他大胆地试饮某种烈酒，并且喝了很多。结果他们乘火车时，这位醉汉没乘往北的火车，而错搭往南的火车了。其他人发现后，急忙打电报给南开的列车长：'请把那个叫约翰逊的矮人送到往北开的火车上，他喝醉了。'约翰逊既不知道自己的姓名也不知道目的地是哪儿。我现在只知道自己的姓名，可是不能如你们所说的一样，确切知道自己的目的地是哪儿。"听众哈哈大笑。威尔逊接着又讲了一个滑稽的故事，这使听众们心情非常愉快。从此，威尔逊的名声大震。

富兰克林·罗斯福刚从非洲回到美国，准备参加1912年的参议员竞选。因为他是西奥多·罗斯福的堂弟，又是一位有名的律师，自然知名度很高。在一次宴会上，大家都认识他，但罗斯福并不认识其他的来宾。同时，他看得出虽然这些人都认识他，表情却显得很冷漠，似乎看不出对他有好感的样子。

罗斯福想出了一个接近这些自己不认识的人并能同他们搭话的主意。

他对坐在自己旁边的陆思瓦特博士悄声说道："陆思瓦特博士，请您把坐在我对面的那些客人的大致情况告诉我，好吗？"陆思瓦特博士便把每个人的大致情况告诉了罗斯福。

了解大致情况后，罗斯福借口向那些不认识的客人提出一些简单的问题，经过交谈，罗斯福了解到了他们的性格特点、爱好，知道他们曾从事过什么职业，最得意的是什么。掌握这些后，罗斯福就有了同他们交谈的话题，并引起了他们的兴趣。在不知不觉中，罗斯福便成了他们的新朋友。

1933 年，罗斯福当上了美国总统，他依然采取和不认识者"一见如故"的说服术。著名的美国新闻记者麦克逊曾经对罗斯福总统的这种说服术评价道："在每一个人进来谒见罗斯福之前，关于这个人的一切情况，他早已了如指掌了。大多数人都喜欢顺耳之言，对他们做适当的颂扬，就无异于让他们觉得你对他们的一切事情都是知道的，并且都记在心里。"

我们每一个人都应当学会与不认识的人"一见如故"，因为：

首先，第一次和别人打交道时，双方都不免有些拘谨，有层隔膜。如果能有人主动、大方地打破这层隔膜，对方也能很快地融入进来，这种假的"一见如故"在双方看来，就变成了真的一见如故。

其次，很多时候我们只和一些人"擦肩而过"，但世界如此之小，在社会中生存的我们说不定什么时候需要他们的帮助。到那时，你过去跟他的"一见如故"的交往，会带来丰厚回报。

## 第一次约会说话不放肆

在第一次约会的时候，"尊重"和"收敛"这两个词必须一直在心头浮现，好让自己开口时有所顾忌，不会过于放肆。相互尊重，又能坦诚相待，这分寸必须掌握好。有人情味，又不能太呆板，这当中要有一个"度"。不同的对象，彼此熟悉程度如何，都会直接影响到"度"的把握。

如果太过于露骨，说话放肆，就会引起对方反感，不利于进一步交往。

小徐已经 28 岁了，自从 4 年前和前女友分手后，一直单身。家里屡次催他结婚，他自己也很着急。前段时间有个热心的朋友帮他介绍了一个女孩，非常贤淑。两人约好在湖边公园见面。见面后开始还聊得非常投机，因为双方的兴趣爱好竟然如此相似。聊着聊着就聊到了以后怎么发展的话题上。小徐突然来了句："你说我们以后有了孩子，是男孩好呢还是女孩好？"女方听了这话大吃一惊，推说自己要去洗手间，就再也没有露面。第二天，朋友给小徐打电话，说女方认为他说话太过随意，预祝他找到一个更好的女孩。小徐非常失望。

你喜欢一个女孩子，可以理解你心里有很多话想向她倾诉，包括你的过去和现在，但很多男士都会犯毛病。一个就是一下子想很远很赤裸的事情，一个就是在第一次约会时便把以往的情史诉诸口中，希望对方明白自己的过去。

有的男士第一次约会时喜欢说"以前我……"，这样的主题不仅不能给她留下满分的印象，反而会大打折扣，因为这样往往忽略了女孩的感受。她和你约会，难道就是听你诉说你的前女友吗？况且，一般女孩子都喜欢自己在男友心中是独一无二的，绝不容男友心中记挂另一个人。嫉妒早已和爱情紧紧扣上，是不受理智控制的，故一旦谈到旧日恋情，还是小心为妙，多体谅对方的感受。

对于女方来说，第一次约会的大忌就是进行"身价调查"。像薪水待遇、存款、不动产等私人财务状况属于个人隐私，不适合作为第一次见面的聊天话题，否则对方可能会想，你到底是想跟她交往，还是跟她的财产交往？

对于一对男女来说，第一次约会之前，相互之间一般不会很了解，因此你第一次约会的一言一行，直接影响着对方对你的印象。自始至终说话有节和一句放肆话之间，相差是非常大的。如果流露出你的狂妄和斤斤计较，那第二次约会很可能会遥遥无期了。

# 精彩地说出自己的名字

在向陌生人做自我介绍时，首先要做的就是自报姓名，但许多人在这方面做得不太好，在介绍时只是简单地报出自己的姓名："我姓×，叫××。"自以为介绍已经完成，然而这样的介绍肯定算不上有技巧，也许只过了三五分钟，别人已经把你的姓名忘得一干二净，这样也就无法给别人留下深刻的第一印象。

一个人的姓名，往往拥有丰富的文化积淀，或折射凝重的史实，或反映时代的乐章，或寄寓双亲对子女的殷切厚望。因此，推衍姓名能令人对你印象深刻，有时也会令人动情。

1. 利用名人式

在新生见面会上，代玉做自我介绍时说："大家都很熟悉《红楼梦》里多愁善感的林黛玉吧，那么就请记住我，我叫代玉。"

再如王琳霞："我叫王琳霞，和世界冠军王军霞只差一个字，所以，每次王军霞获得世界冠军时，我也十分激动。"

利用和名人的名字相近的方式来介绍自己的名字，关键是所选的名人是大家都知道的，否则就收不到效果。

2. 自嘲式

如刘美丽介绍自己时说："不知道父母为何给我取美丽这个名字。我没有标准的身高，也没有苗条的身材，更没有漂亮的脸蛋，这大概是父母希望我虽然外表不美丽，但不要放弃对一切美丽事物的追求吧。"

3. 自夸式

如李小华介绍自己时说："我叫李小华，木子李，大小的小，中华的华。都是几个没有任何偏旁的最简单的字，就如我本人，简简单单、快快乐乐。但简单不等于没有追求，相反，我是一个有理想并执着的人，在追求理想的路上我快乐地生活着。"

4. 联想式

如一个同学叫萧信飞，他便这样做自我介绍："我姓萧，叫萧信飞。萧何的萧，韩信的信，岳飞的飞。"绝大多数人对"萧何月下追韩信"的典故和民族英雄岳飞都很熟悉，这样，大家对他的名字当然印象深刻了。

5. 姓名来源式

如陈子健："我还未出生，名字就在我父亲的心目中了。因为他很喜欢这样一句古语'天行健，君子以自强不息'，于是毫不犹豫地给我取了这个名字，同时希望我像君子一样自强不息。"

6. 望文生义式

如秦国生："我是秦始皇吞并六国时出生的，我叫秦国生。"

与其他方法相比，望文生义法有更大的发挥余地，例如下面的几例：

夏琼——夏天的海南，风光无限。

杨帆——一帆风顺，扬帆远航。

皓波——银色的月光照在水波上。

秀惠——秀外"惠"中，并非虚有其表。

7. 理想式

如向红梅："我向往像红梅一样不畏严寒、坚强刚毅，在各种环境中都要努力上进，尤其是在艰苦的环境里，更要绽放出生命的美丽。"

8. 释词式

即从姓名本身进行解释。如朱红："朱是红色的意思，红也是红色的意思，合起来还是红色。红色总给人热情、上进、富有生命力的感觉，这就是我的颜色！"

9. 利用谐音式

如朱伟慧："我的名字读起来像'居委会'，正因为如此，大家尽可以把我当成居委会，有困难的时候来反映反映，本居委会力争为大家解决。"

10. 调换词序式

如周非："把'非洲'倒过来读就是我的名字——周非。"

11. 激励式

如展鹏在新生见面会上说："同学们，我们从五湖四海来到这里，为了什么？不就是为了好好学习，今后在社会这片广阔的天空中大鹏展翅，自由翱翔吗?"

12. 摘引式

如任丽群："大家都知道'鹤立（丽）鸡群'这个成语，我是人（任），更希望出类拔萃，所以，我叫任丽群。"

总之，自我介绍是有很大发挥空间的，我们应该想方设法把它丰富起来，不要放过任何一个吸引人注意的机会。

# 第十五章

## 求人办事口才

# 求人必备的说话技巧

在求人办事时，往往会出现这样的情况，同样的请求内容，不同的人，用不同的方法和语言表达出来，得到的结果常常是不一样的。那么，怎样才能使被求者乐意答应自己的请求呢？

掌握几种求人的语言技巧是非常有必要的。下面介绍几种运用求人语言的具体技巧，也许有助于你的请求得到最理想的答复。

1. 以情动人

这一般用于比较大的或较为重要的事情上。把对人的请求融入动情的叙述中，或申述自己的处境，以表示求助于人是不得已之举；或充分阐明自己所请求之事并非与被请求者无关，以使对方不忍无动于衷、袖手旁观。

2. 先"捧"后求

所谓"捧"在这里是指，对所求的人的恰到好处、实事求是的称赞，并不包括那种漫无边际、肉麻的吹捧。任何人都不会拒绝别人的赞美，所以求人时说点对方乐意听的话，也不失为一种求人的好办法。

3. "互利"承诺

天底下没有免费的午餐，求人时也要注意互利原则。在求人时不忘表示愿意给对方以某种回报，或将牢记对方所提供的好处，即使不能马上回报对方，也一定会在对方用得着自己的时候鼎力相助。配以"互利"的承诺，让对方觉得他的付出是值得的，同时也会对求助者多一分好感。

4. 寻找"过渡"

倘若向特别要好和熟悉的人求助，可以直截了当、随便一点。但有时求助于关系一般的人、生人或社会地位较高的人时，则常常需要一个"导入"的过程。这个导入过程可长可短，须视情况而定。

除此之外，还要尽量防止自己的话无意间冒犯了对方。所以，在有求于人时应事先对对方有所了解，以避免无意间冲撞了对方。

# 怎样开口提一些要求

俗话说："万事开头难。"向别人提要求，通常都很难开口。不仅是你，对方也会感到有一定的麻烦存在。所以，有效的语言手段非常必要。彬彬有礼的语言是最好的敲门砖，讲究分寸就会让人难以拒绝。

下面通过一些实例，"手把手"地教你一些具体用法：

1. 间接请求

通过间接的表达方式（如使用能愿动词、疑问句等）以商量的口气把有关请求提出来，显得比较婉转一些，令人比较容易接受。

例如：

"你能否尽快替我把这事办一下？"

（比较："尽快替我把这事办一下！"）

通过比较，我们不难看出，间接的表达方式要比直接的表达方式礼貌得多，因而更容易得到对方的帮助或认可。

2. 借机请求

借助插入语、附加问句、程度副词、状语从句等来减轻话语的压力，避免唐突，充分维护对方的面子。

例如：

"不知你可不可以把这封信带给他？"

（比较："把这封信带给他！"）

通过比较，我们可以发现，语言中有很多缓冲词语，只要使用得当，就会大大缓和说话的语气。

3. 激将请求

激将请求的奇特之处就在于求人者从某种意义上贬低了被求者的能力，这样容易激发被求者的热情，也给对方和自己留下充分的退路。

例如：

"如果你真的怕他，我就不麻烦你去办了。"

在请别人帮忙或者向别人提出建议时，如果在话语中表示人家可能不具备有关条件或意愿，就不会强人所难，自己也显得很有分寸。

4. 缩小请求

尽量把自己的要求说得很小，以便对方顺利接受，满足自己的愿望和要求。

例如：

"你帮我解决这一步就可以了，其余的我自己想办法。"

我们确实经常发现，人们在提出某些请求时往往会把大事说小，这并不是变着法儿使唤人，而是适当减轻给别人带来的心理压力，同时也使自己便于启齿。

5. 谦恭请求

通过抬高对方、贬低自己的方法把有关请求等表达出来，显得彬彬有礼、十分恭敬。

例如：

"您老就不要推辞了，弟子们都在恭候呢！"

请求别人帮助，最传统有效的做法是尽量表示虔敬，使人家感到备受尊重，从而乐于从命。

6. 自责请求

首先讲明自己知道不该提出某个请求，然后说明为实情所迫不得不讲出来，令人感到实出无奈。

例如：

"真不该在这个时候打搅您，但是实在没有办法，只好麻烦您一下。"

求人的过程中，要知道在有的时候和有些场合打搅别人是不合适、不礼貌的，但有时又不得不麻烦人家，这就应该表示出你知道不妥，但想求得人家谅解，以免显得冒失。

7. 体谅请求

首先说明自己了解并体谅对方的心情，再把自己的要求或想法表达出来。

例如：

"我知道你手头也不宽裕，不过实在没办法，只好向你借 100 元钱。"

求人的重要原则就是充分体谅别人，这不仅要在行动上体现出来，而且要在言语当中表示出来。

8．迟疑请求

首先讲明自己本不情愿打扰对方，然后再把有关要求等讲出来，以缓和讲话语气。

例如：

"这件事我实在不想多提，可你一直忘了替我办。"

在提出要求时，如果在话语中表示出自己本不愿意说，这样就会显得自己比较有涵养。

9．述因请求

在提出请求时把具体原因讲出来，使对方感到很有道理，应该给予帮助。

例如：

"隔行如隔山，我一点儿也不知道人家那边的规矩。你是内行，就替我办了吧！"

在提出请求时，如果把有关理由讲清楚，就会显得合乎情理，令人欣然接受。

## "心理共鸣"求人法

人与人之间，本来有许多地方是相同的，但是要使彼此真正共鸣起来，得有相当的说话技巧。在你对另一个人有所求的时候，这样的论点也同样适用。最好先避开对方的忌讳，从对方感兴趣的话题谈起，不要太早暴露自己的意图，让对方一步步地赞同你的想法，当对方跟着你走完一段路程时，便会不自觉地认同你的观点。

　　伽利略年轻时就立下雄心壮志，要在科学研究方面有所成就，他希望得到父亲的支持和帮助。

　　一天，他对父亲说："父亲，我想问您一件事，是什么促成了您同母亲的婚事？"

　　"我看上她了。"父亲答道。

　　伽利略又问："那您有没有娶过别的女人？"

　　"没有，孩子。家里的人要我娶一位富有的女士，可我只钟情于你的母亲，她从前可是一位风姿绰约的姑娘。"

　　伽利略说："您说得一点儿也没错，她现在依然风韵犹存。您不曾娶过别的女人，因为您爱的是她。您知道，我现在也面临着同样的处境，除了科学以外，我不可能选择别的职业，因为我喜爱的正是科学。别的对我而言毫无用途，也毫无吸引力！难道要我去追求财富、追求荣誉？科学是我唯一的需要，我对它的爱有如对一位美貌女子的倾慕。"

　　父亲说："像倾慕女子那样？你怎么会这样说呢？"

　　伽利略说："一点儿也没错，亲爱的父亲，我已经18岁了。别的学生，哪怕是最穷的学生，都已想到自己的婚事，可是我从没想过那方面的事。我不曾与人相爱，我想今后也不会。别的人都想寻求一位标致的姑娘作为终身伴侣，而我只愿与科学为伴。"

　　父亲似乎有所感悟，但始终没有说话，仔细地听着。

　　伽利略继续说："亲爱的父亲，您有才干，但没有力量，我却能兼而有之。为什么您不能帮助我实现自己的愿望呢？我一定会成为一位杰出的学者，获得教授身份。我能够以此为生，而且比别人生活得更好。"

　　说到这里，父亲为难地说："可我没有钱供你上学。"

　　"父亲，您听我说，很多穷学生都可以领取奖学金，这钱是公爵宫廷给的。我为什么不能去领一份奖学金呢？您在佛罗伦萨有那么多朋友，您和他们的交情都不错，他们一定会尽力帮忙的。他们只需去问一问公爵的老师奥斯蒂罗·利希就行了，他了解我，知道我的能力……"

　　父亲被说动了："嗯，你说的有道理，这是个好主意。"

　　伽利略抓住父亲的手，激动地说："我求求您，父亲，求您想个法子，尽力而为。我向您表示感激之情的唯一方式，就是……就是保证成为一个伟大的科学家……"

伽利略最终说动了父亲，他实现了自己的理想，成为了一位闻名遐迩的科学家。

这里，伽利略采用的是"心理共鸣"的说服方法。这种说服法一般可分为以下4个阶段：

第一，导入阶段。先顾左右而言他，以对方当时的心情来体会现在的心情。伽利略先请父亲回忆和母亲恋爱时的情形，引起了父亲的兴趣。

第二，转接阶段。逐渐转移话题，引入正题。伽利略巧妙地通过这句话把话题转到自己身上："我现在也面临着同样的处境。"

第三，正题阶段。提出自己的建议和想法。伽利略提出"我只愿与科学为伴"，这正是他要说服父亲的主题。

第四，结束阶段。明确提出自己的要求。为了使对方容易接受，还可以指出对方这样做的好处。

就这样，伽利略终于达到了自己的目的，为最终实现自己的理想奠定了基础。

# 善于利用逆反的心理

"请不要阅读第七章第七节的内容。"这是一个作家写在其著作扉页上的一句饶有趣味的话。后来，这个作家做了一个调查，不由得笑了，因为他发现绝大部分的读者都是从第七章第七节开始读他的著作的，而这就是他写那句话的真正目的。

当别人告诉你"不准看"时，你却偏偏要看，这就是一种逆反心理。这种欲望被禁止的程度越强烈，它所产生的抗拒心理也就越大。所以，如果能善于利用这种心理倾向，就可以将顽固的反对者软化，使其固执的态度发生180度的大转变。

某建筑公司的李工程师，有一次说服了一个刚愎自用的人——一个工头，他常常坚持反对一切改进的计划。

李工程师想换装一个新式的指数表，但他想到那个工头必定要反对，于是李工程师去找那个工头，腋下夹着一个新式的指数表，手里拿着一些要征求工头的意见的文件。当大家讨论着关于这些文件中的事情的时候，李工程师把那指数表从左腋下移动了好几次，工头终于先开口了："你拿着什么东西？"

李工程师漠然地说："哦！这个吗？这不过是一个指数表。"

工头说："让我看一看。"

李工程师说"哦！你不要看了"并假装要走的样子，嘴上说："这是给别的部门用的，你们部门用不到这东西。"

但是工头不死心，又说："我很想看一看。"

当工头审视指数表的时候，李工程师就随便但又非常详尽地把这东西的效用讲给他听。他终于喊起来："我们部门用不到这东西吗？它正是我想要的东西呢！"

李工程师故意这样做，果然很巧妙地把工头说动了。其实，逆反心理并不是顽固的人身上才有，每个人身上都长着一根"反骨"。

某报曾连载过一篇以父子关系为主题的纪事文章《我家的教育法》，叙述某社会名人的孩子在学校挨了顿骂后便非常怨恨他的老师，甚至想"给他一点儿颜色瞧瞧"，他父亲听了也附和道：

"既然如此，不妨就给他点颜色看。"但父亲接着又说，"不过，纵使你达到报复的目的，你却因此而触犯了法律，还是得三思才是。"听父亲这样一说，儿子便取消了报复的念头。

据说明朝时，四川的杨升庵才学出众，中过状元。因嘲讽了皇帝，所以皇帝要把他充军到很远的地方去。朝中的那些奸臣更是趁机公报私仇，向皇帝说，"把杨升庵充军海外，或是玉门关外。"

杨升庵想，充军还是离家乡近一些好，于是对皇帝说："皇上要把我充军，我也没话说。不过，我有一个要求。"

"什么要求？"

"宁去国外三千里，不去云南碧鸡关。"

"为什么？"

"皇上不知，碧鸡关呀，蚊子有四两，跳蚤有半斤！切莫把我充军到碧鸡关呀!"

"唔……"皇帝不再说话,心想:哼!你怕到碧鸡关,我偏要叫你去碧鸡关!杨升庵刚出皇宫,皇上马上下旨:杨升庵充军云南!

杨升庵利用"对着干"的心理,打破了奸臣的奸计,达到了自己要去云南的目的。

可见,每个人的内心多多少少都带有一些逆反心理,只要善于抓住那一根"反骨",轻轻一扭,就连皇帝也难免上当。

逆反心理是人们内心中普遍存在的一种心理状态,利用好这种心理,将会给你带来无尽的妙处。

## 以利害打动他人内心

说服他人时,从对方的利益出发,是最容易达到说服目的的。

肿瘤患者放疗时,每周测一次血常规,有的患者拒绝检查,主要是因为他们没意识到这种监测的目的是保护自己。

一次,护士小王走进病房,说:"王大嫂,该抽血了!"

患者拒绝说:"不抽,我太瘦了,没有血,我不抽了!"

小王耐心地解释:"抽血是因为要检查骨髓的造血功能是否正常,例如,白细胞、红细胞、血小板等,血象太低了,就不能继续做放疗,人会很难受,治疗也会中断,对身体也不好。"

患者更好奇地说:"降低了,又会怎样?"

小王说:"降低了,医生就会用药物使它上升,就可以继续放疗!你看,别的病友都抽了!一点点血,对你不会有什么影响的。再说还可以补充过来呀。"患者被说服了:"好吧!"

是的,通常我们行动的目的就是"为自己",而非"为别人"。如果能够充分理解这一点,那么想要说服他人就有如探囊取物般容易了。只要了解对方真正追求的利益何在,进而满足他的欲望,便可达到目的。

相对应的,我们在劝阻对方放弃固执、愚蠢、鲁莽、不智的举动时，也可以摆出利害关系，使对方心服口服。

有时候，我们的真诚劝阻之所以没有成功，是因为我们没有抓住对方固执的行动给他自己造成的危害。"打蛇打七寸"，抓住对方切身利益的损失，会使他的心弦受到颤动，促使他进行深入思考，从而放弃自己消极的、错误的行动。

某剧场门前不许卖瓜子、花生之类的小食品，怕的是污染环境，影响市容。唯有一位年近六旬的老太太例外。用剧场管理员的话说就是："这老太婆年岁大，嘴皮尖，人家叫她铁嘴，不好对付，只好睁只眼闭只眼。"

某日，市里要检查卫生，剧场管理员小王要老太婆回避一下，说："老太太，快把摊子挪走，今天这里不许卖东西。"

"往天许卖，今天又不许卖，世道又变了吗？"

"世道没有变，检查团要来了。"

"检查团来了就不许卖东西？检查团来了还许不许吃饭？"

"检查团来了，地皮不干净要罚款的。"小王加重了语气。

"地皮不干净关我屁事，他肥肉吃多了拉稀屎，能去罚卖肉的款吗？"小王无言以对，悻悻而退。

管理自行车的老刘师傅随后走了过来，说道："老嫂子，你这么一把年纪，没早没晚的，又能挣几个钱呢？检查团来了，真要罚你一笔，你还能打场官司不成？再说，检查团不会天天来，饭可是要天天吃，生意可是要天天做的哪。"

"嗯！姜还是老的辣。好，我走，我走。"老太太边说边笑地把摊子挪走了。

本例中，两种劝阻方式，一个失败了，另一个却成功了，这其中是很有学问的。管理员小王之所以劝阻不成反自讨没趣，就因为他只是一味地讲抽象的大道理，却没有站在老太太的角度上耐心地帮助她分析利弊；而老刘师傅就懂得这一点，他从老太太的切身利益出发，向她指出了只考虑眼前的小利而不顾长远利益的不良后果，使她真正认识到了自己固执行为的不明智，于是心服口服地接受了规劝。

利己是多数人的"通病"，只要能将这种心理利用起来，多半的说服都是会成功的。

# 第十六章
## 演讲口才

# 演讲开头吸引人的技巧

"万事开头难",而"良好的开头是成功的一半"。所以演讲者要殚精竭虑、全力以赴地对付好开头,力求一开口就拨动听众的兴奋神经。如果能在开始就让听众产生一种肯定的心理定势,再好不过。

良好的开头应如瑞士作家温克勒说的有两项任务:一是建立演说者与听者的同感;二是如字义所释,打开场面,引入正题。具体方法是语言新鲜,忌套话、空话;忌那些磨光了棱角的、听众不爱听的老话、旧话;语言准确,忌大话、假话;语言简练,忌空话、抽象话。

## 1. 以故事开头

在开头讲一个与你所讲内容有密切联系的故事从而引出你的演讲主题。1940 年 12 月 17 日,罗斯福总统终于在美国白宫记者招待会上露面了。

此时,正当美、英、苏等国家共同抗击纳粹德国的关键时刻。英国处在欧洲反法西斯侵略的最前线,由于黄金外汇已经枯竭,根本无力按照"现购自运"原则从美国手中获取军事装备。作为英国的重要盟友,罗斯福深知唇齿相依的道理。在反法西斯战争旷日持久的情况下,英国一旦被纳粹击溃,希特勒一朝得势,势必严重威胁到美国的全球利益。美国全力支持英国,是理所当然的事情。

但是,美国国会一些目光短浅的议员们只盯着眼前利益,丝毫不关心反法西斯盟友和欧洲糟糕的战局。而罗斯福认为必须说服他们,要使《租借法》顺利通过以全力支持英国,他特别举行这个意义重大的招待会。

"尊敬的女士、先生们!"罗斯福在简要地介绍了《租借法》以后,紧接着就来说明他的设想了。"假如我的邻居失火,在数百英尺处，我拥有一条浇花的水管，要是赶紧借给邻居拿去接上水龙头，就可能帮他灭火，以免火势蔓延到我家。但是，在救火前要不要对他讨价还价？喂，朋友，十万火急，邻居到哪里去找钱。我想，还是不要他15美元为好，只要他灭火之后原物奉还。如果灭火后水管还好好的，他会连声道谢；如果他把东西弄坏了，他得照赔不误，我也不会吃亏。"

记者们紧追不舍，问罗斯福总统："请问，总统阁下所说的水管一定是指武器了！"

"当然，"罗斯福毫不掩饰，"我只不过以此来阐述《租借法》原则而已。也就是说，如果你借出一批武器，在战后得到归还，而且没有损坏的话，你就不吃亏；即使军火损坏，或者陈旧了，干脆丢弃，只要别人愿意理赔，我想，你依然没吃亏，不是吗？"

这一番回答之后，再也没有人对此提出任何质疑与反驳了。

这种方式的开场白很能引起听众的兴趣，而且在语言操作上也比较容易，这适合那些初学演讲的朋友使用。总之，你要注意的是，故事型的开场白一定要摒弃复杂的情节和冗长的语言。

2. 开门见山

打开门映入眼帘的就是山，也就是一开始就用高度凝练的语言把演讲的基本目的和主题告诉朋友，引起他们想听下文的欲望，接着在主体部分加以详细说明和论述。这便是开门见山型，如《在马克思墓前的讲话》：

3月14日下午2点45分，当代最伟大的思想家停止了思想。让他一个人在屋里总共不过两分钟，等我们再进去的时候，便发现他在安乐椅上静静地睡着了，但已经是永远地睡着了。这个人的逝世对欧美战斗着的无产阶级、对于历史科学，都是不可估量的损失。这位巨人逝世以后形成的空白，在不久的将来就会使人感觉到。

在这里，恩格斯以极为简略、精当的话语明确道出了他这次演讲的主题。

开门见山型的开场白适合于比较庄重的演讲场合。因此，它要求必须具备高度的总结概括能力。

（1）幽默的开篇

幽默型即是以幽默或诙谐的语言及事例作为开场白。这样的开场可以使听众在演讲者的幽默启发下集中精力进入角色，接受演讲。演讲时如何巧用笑话开篇？

笑话人物鲜明，情节离奇，意义深远，俏皮幽默。在演讲开始讲一个笑话会令听众开心解颐，得到启示。在轻松气氛中领悟演讲观点。

运用笑话开始演讲要轻松地去体现，要配合以微笑、点头等态势语，表现出真实感；要用清楚而贴切的语言，不装腔作势；要正视听众，求得共鸣，讲之前不要急着做言过其实的应允或过分的谦卑，过高或过低的估计都会使听众反感。

（2）引用的开篇

演讲的开场白也有直接引用他人话语的（大多是名人的富有哲理的名言），它为演讲主旨做事前的铺垫和烘托，概括了演讲的主旨。

（3）抒情的开篇

这种开场白主要借助诗歌、散文等抒情文学的形式，通过华丽的辞藻和汹涌澎湃的激情，感染听众，把听众带入诗一般的境界。多数参加演讲比赛的朋友都喜欢运用这种类型的开场白。

林肯在为独立战争时期一位烈士的遗孀辩护时说：

现在，1776年的英雄早已长眠于黄泉，可是，他那衰老而可怜的遗孀，还在我们面前，要求我们代她申诉。这位老妇人从前也是一位美丽的少女，曾经也有过幸福愉快的家庭生活，然而，她为美国人民牺牲了一切，到头来却变得贫困无依，不得不向享受着革命先烈争取来的自由的我们请求一些援助和保护。试问，我们能视若无睹吗？

3. 注意承上启下

演讲，尤其是赛事演讲，选手都对演讲的开头、中间、结尾进行了全面完整的设计。不可能也不太好做过多的临场更改，这似乎没有什么不好的。但如果你能独辟蹊径，逆向求新，巧妙地承接上一位或前面几位选手的演讲话题，或是他们演讲中的观点、动作等进行引发，效果将非同凡响。这种临场性的引发会给听众留下良好的印象。

# 如何制造演讲悬念技巧

有人曾强调，演讲应有"戏剧般的冲突"。这就要求演讲要巧设悬念，变化有致，高潮迭出。恰当地使用悬念技法可以极大地调动听众的情绪，使演讲产生高潮。请看下例：

主持人宣布"下一位演讲者的题目是《1 > 2，1 > 多》"。古怪的题目有悖于常理，但悬念突出。只见演讲者镇定地走上讲台，拿出一张纸，上面写着：《1 > 2，1 > 多》。演讲开始了："朋友们，我在这里要告诉大家的是 1 大于 2，1 大于 3，1 大于 4，1 大于多。"演讲者运用实物、言语对本显古怪的题目进行了更进一步的渲染，使观众产生一种强烈的好奇心，心理失去平衡，求得解释。接下来演讲者以计划生育为题旨，阐述道："'多生有害国家，多生有害人民，多生有害自己。''夫妻同育一枝花，利国利民又利家。'从这点上说，难道不是 1 大于 2，1 大于多吗？"

上例中的演讲者很好地释答了问题，解开了悬念，听众接受了观点。设置悬念的方法很多，可以运用与演讲内容相联系的实物；可以运用突然产生与内容反差较大的情感；可以运用听众一时难以回答上来的串问；可以运用带有夸张色彩的动作；可以运用录音、幻灯、录像设备，等等。

悬念的设置要注意的是：新奇，产生出人意料的结果；形象，处在听众情理之中；到位，表达圆满自然。

一般说来，悬念设置在演讲的开头，这利于它贯穿整个演讲，也可运用在中间和结尾处。

## 抓住听众最想听的部分

演讲者站在演讲台上，不是只讲自己想讲的，更多的是要讲听众想听的，只有这样，你的演讲才具有生命力。否则，听众就会渐渐离你而去，你的演讲也就变成独角戏了。

法国总理孟杰斯·法朗士很聪明，他知道怎样让听众的耳朵竖起来。

1954年8月7日，他在一次电台广播讲话时，用了一段简短的楔子："8月中旬正是你们中间很多人休假的时候，我想如果打断你们片刻的休息时间，跟你们说几个关系重大的问题，你们是不会对我反感的，因为这些问题事实上对大家都是休戚相关的。"听众一听是"与自己休戚相关的"，都打起十二分的精神，集中全部的注意力把耳朵凑到收音机旁。

这个简单的例子说明了，听众很在意高高站在讲台上的那个人说的话与自己有多大的联系。

演讲想获得完全成功，首先必须使听者觉得，你所要说的对他们很重要。你不只是要对自己的话题热烈，还得把这种热烈传给听众。历史上著名的雄辩家，都具有这样的王婆卖瓜术，或是传播福音术。高明的演讲者热切地希望听众感觉到他所感觉的，同意他的观点，分享他的快乐，分担他的忧苦。你必须以听众为中心，而不是以自我为中心，明白自己演讲的成败不是由你来决定——它要由听众的脑袋和心灵去决定。

我们应该寻找共同语言，使听众和我们产生共鸣。共同语言必须考虑到听众、场合等因素，可以寻找大家可能的共同经历和遭遇、目前面临的共同问题、共同的需要等，作为演讲的基调。

　　有人在讲到一位演说家的演说时，曾这样描述：

　　我们曾同他围坐在一张午餐桌旁。我们素闻此人大名，听说他是个雷霆万钧的演说者。他起立讲话时，人人都目不转睛地注视着他。

　　他安详地开始演说了，他首先感谢我们对他的邀请。他说他想谈一件严肃的事，如果打扰了我们，要请我们原谅。

　　接着，他倾身向前，双眼将我们牢牢地盯住，他并未提高声音，但我似乎觉得像一只铜锣轰然爆裂。

　　他说："往你们四周瞧瞧，彼此互瞧一下。你们可知道，现在坐在这房间里的人，有多少将死于癌症？55岁以上的人4人中就有1人。"

　　他停了一下又说："这是个平常却严酷的事实，但不会长久，我们可以想出办法。这个办法即是谋求先进的癌症治疗方法。你们愿意协助我们朝这个方向努力吗？"在我们的脑海中，这时除了"愿意"之外，还会有别的回答吗？

　　一分钟不到，他就赢得了我们的心。他已经把我们每个人都拉进他的话题里，他已经使我们站在了他的那一边，投入了他为人类福利而进行的行动。

　　许多人无法成为一名演讲高手，主要的原因是他们只会谈些他们自己感兴趣的事情，而这些事情令其他人感到无聊透顶。把这种过程倒转过来吧：引导其他人谈谈他的兴趣、他的高尔夫成绩、他的成就……或者，如果对方是位母亲的话，谈谈她的孩子。这样做，你将给予对方乐趣，你将被认为是一位很好的演讲者——即使你的演讲时间很短。因此，必须依着听众的兴趣而演讲。

　　演讲者若不能考虑到听众自我中心的必然倾向，便会发现自己面对的是烦躁不安的听众。他们局促、厌腻，不时看手表，并且充满希望地看着出口，这无疑是对你演讲自信的打击。

　　抓住听众最想听的，让他们知道你的说话内容与他们有关，与他们的兴趣有关，与他们的问题有关。这种与听众的联系，就是与听众本身的联系，可以稳获听众的注意，保证你与听众沟通的道路畅通无阻。

## 运用排比表达情感技巧

排比是由 3 个或 3 个以上的结构相同或相似的，语气一致的语句成串地表达相关或相连的内容的一种句式。无论在叙事演讲、政论演讲，还是抒情演讲中都被广泛运用。

另外，一些特别要强调的字词，一些特别要加固的感情可以采用重复的方法去表现。如罗斯福 1941 年 12 月 9 日在对日宣战后向全国广播的"炉边谈话"：

10 年前，在 1931 年，日本入侵满洲国——未加警告；

在 1935 年，意大利入侵埃塞俄比亚——未加警告；

在 1938 年，希特勒侵占奥地利——未加警告；

在 1939 年，希特勒入侵捷克斯洛伐克——未加警告；

在 1939 年，希特勒入侵波兰——未加警告；

在 1940 年，希特勒入侵挪威、丹麦、荷兰、比利时和卢森堡——未加警告；

在 1940 年，意大利先后进攻法国和希腊——未加警告；

而今年，1941 年，轴心国家进攻南斯拉夫和希腊，控制了巴尔干——未加警告；

还是 1941 年，希特勒入侵俄国——未加警告；

而现在，日本进攻了马来西亚和泰国——以及合众国——未加警告。

这里罗斯福多次反复使用"未加警告"强烈地呼吁和唤醒人们，如果让法西斯继续放任，他们将更猖狂地践踏人类。这里运用的是同一重复的方法。

演讲中为了防止格式的雷同，可以采取详略变化的方式重复。如

"我是一棵小草，一棵秋冬以后枯萎在路边的小草"。

所谓重复，就是用相同的言词复述某一观点或某一句话，分为重复语词和重复叙述两种。前者是对相同语词的重复，后者是运用不同语词表达同一重复的观点或内容。使用重复手法，可以加深感情的程度，加大语言的力度，强化演讲的节奏。

# 演讲中表达情感的技巧

美国南北战争结束后，有两位军人竞选国会议员。一位是著名英雄陶克将军，陶克功勋卓著，曾任过两三次国会议员；另一位则是约瑟夫·爱伦，他是一位很普通的士兵。

陶克的演讲是：

诸位同胞们，记得17年前（南北战争时）的那天晚上，我曾带兵与敌人激战，经过激烈的血战后，我在山上的树丛里睡了一个晚上。如果大家没有忘记那次艰苦卓绝的战斗，请在选举中，也不要忘记那位吃尽苦头、风餐露宿、造就伟大战功的人。

这段话很精彩，感情色彩也很浓。而爱伦的演讲是：

同胞们，陶克将军说得不错，他确实在那次战争中立下了奇功。我当时是他手下的一个无名小卒，替他出生入死，冲锋陷阵。这还不算，当他在树林里安睡时，我还得携带武器，站在荒野上，饱尝风寒露冷的味儿，来保护他。

爱伦的演讲更动人，更易激起共鸣。他打败了陶克，取得了胜利。

"感人心者，莫先乎情。""情不深，则无以惊心动魄。"有经验的演讲者当他激情迸发时，好比冲出龙门的河水，呼啸着奋进的浪花，使"快者掀髯，愤者扼腕，悲者掩泣，羡者色飞"。听起来使人精神振奋，思想升华。

这就要求演讲者性情豪爽，话语坦荡，推心置腹，以真换真，以诚对诚，以爱求爱，讲出真情实感；演讲者的情感应该是炽热、深沉、热情、诚恳、娓娓动人的。做到这一点，演讲者必须和听众一起喜怒哀乐，不掩饰、不回避，对真、善、美热情讴歌，对假、恶、丑无情鞭笞。

演讲者对整个演讲立体把握，协同处理，既有冷静的分析，又有热情的鼓励，既要有怒有喜，又要有爱有憎。这对演讲者提出了更高的要求：不讲架子，不野蛮粗俗，不声色俱厉，不以局外人自居，要引而不发，诱人深入。

# 使听众关注演讲的技巧

听众的注意力是有限的，无论演讲者怎样努力，总会遇到听众注意力不集中的情况，在这种情况下，演讲就需要想一些办法把听众的注意力吸引回来，否则就会导致演讲的失败、会场秩序的混乱。

1. 声东击西

所谓声东击西，兵法原文是这样写的："凡战，所谓声者，张虚声也。声东击西，声彼而击此，使敌人不知其所备。则我所攻者，乃敌人所不守也。"它的意思是：凡是作战，所谓声，就是虚张声势。在东边造声势而袭击的目标是西面，声在彼处而袭击此处，让敌人不知道如何来防备。这样我所攻击的地方，正是敌人没有防备的地方。

我没有踌躇过一刹那，去放弃那遵循格律的戏剧。地点的一致对我犹同牢狱般的可怕，情节的统一和时间的一致是我们想象力的沉重桎梏。我跳进了自由的空气里，这才感到自己（生长了）手和脚。现在，当我认识到那些讲究规格的先生们从他们的巢穴里给我硬加上了多少障碍时，以及看到有多少自由的心灵还被围困在里面时，如果我再不向他们宣战，再不每天寻找机会以击碎他们的堡垒的话，那么我的心就会愤怒得碎裂。

法国人用作典范的希腊戏剧，按其内在的性质和外表的状况来说，就是这样的：让一个法国侯爵效仿那位亚尔西巴德却比高乃依追随索福克勒斯要容易得多。

开始是一段敬神的插曲，然后悲剧庄严隆重地以完美的单纯朴素（风格），向人民大众展示出先辈们的各个惊魂动魄的故事情节，在各个心灵里激动起完整的、伟大的情操；因为悲剧本身就是完整的、伟大的。

在什么样的心灵里啊！

希腊的！我不能说明这意味着什么；但我感觉出这点，为简明起见，我在这里根据的是荷马、索福克勒斯及忒俄克里托斯；他们教会我去感觉。

同时，我还要连忙接着说：小小的法国人，你要拿希腊的盔甲来做什么？它对你来说是太大了，而且太重了。

因此所有的法国悲剧本身就变成了一些模仿的滑稽诗篇。不过那些先生们已从经验里知道，这些悲剧如同鞋子一样，只是大同小异，它们中间也有一些乏味的东西，特别是经常都在第四幕里，同时他们也知道这些又是如何按照格律来进行的。这方面我就无须多花笔墨了。

我不知道是谁首先想出把这类政治历史大事题材搬上舞台的。对这方面有兴趣的人，可以借此机会写一篇论文，加以评论。这发明权的荣誉是否属于莎士比亚，我表示怀疑；总而言之，他把这类题材提高到至今似乎还是最高的程度，眼睛向上看（的人）是很少的，因此也很难设想，会有一个人能比他看得更远，或者甚至能比他攀登得更高。

莎士比亚，我的朋友啊！如果你还活在我们当中的话，那我只会和你生活在一起；我是多么想扮演配角匹拉德斯，假如你是俄来斯特的话！而不愿在德尔福斯庙宇里做一个受人尊敬的司祭长。

　　这是歌德纪念莎士比亚的一篇演讲，但是他并没有直接说明莎士比亚的作品有多么的优秀，而是在说明另一些作品的特点，最后通过这样的比较来达到了赞美莎士比亚的目的。

　　声东击西，是忽东忽西，即打即离的一种演讲方式。如果我们发现听众对于演讲的内容出现了疲劳和厌倦，再采用正攻的方法是无法取得预期效果的，而这时采取佯攻，突然说些表面上和演讲没有太大关系的内容，反而能够引起听众的好奇心。

　　因此，在同听众的接触中，不要太急于暴露自己的意图，尽量将对方的注意力转移到他所感兴趣的地方，使对方逐渐对你产生信任感，从而建立起良好的关系，此时演讲才能取得良好的效果。

## 2. 投石问路

　　当演讲者不确定某个论点是否能吸引观众时就可采用这种方式。有时，为了了解对方心中的秘密，又不便直问，可以用"投石问路"的曲问法进行试探。对于一些敏感的人来说，问者便显得谨慎。投石问路之法也被广泛运用于审讯之中。

## 3. 欲正故谬

　　当演讲者发现听众走神时，可以故意将一些简单的问题说错，这样不但能吸引没有走神的听众们的互动，同时能将走神的听众的注意力吸引回来，还能够缓解演讲现场的气氛。

　　当我们要启发听众思考某一个问题时，与其告诉他们答案或者给予提示，不如我们故意说一个错误的答案来刺激他们思考问题。因为当演讲者说错时，就能够激发他们思考的欲望，最显著的代表就是教师在教学时的提问方式，学生在上课时，注意力大约只能集中20～30分钟，但通常教师都要讲上45分钟，这样就会导致学生在后半段的课程上出现走神，作为教师，为了保证教学质量，就要想尽一切办法把学生的注意力吸引回来，这时欲正故谬就是一种非常有效的方法。

## 4. 欲实先虚

　　所谓欲实先虚，是演讲者为了让对方顺着自己的意愿来展开话题而设下的一个圈套。这是因为平铺直叙地将道理讲述出来，有时无法打动听众的心，不能吸引听众的注意力。这个时候，由演讲者先虚设一问，这一问乍一看与演讲内容毫无关系，或者让对方摸不清虚实，当对方给出答案后，这种答案其实正是演讲者想要的，这时演讲者就可以抓住对方的话柄，以此为契机，得出想要的结论。这时，听众也就无法否认自己刚才说过的话了，这样也就无法否认演讲者的结论了。通过这样的小圈套来达到演讲的目的。